INNEHÅLL

مقدمهٔ نویسنده ... 3

فصل اول

عادت‌ها و باورهای کهنه ... 6

قانونی به نام وراثت

فصل دوم

باورها کجا هستند؟... 20

ضمیر ناخودآگاه

فصل سوم

آگاهی ... 34

حوزه لایتناهی الهی

شناخت ذات الهی

فصل چهارم

اتصال ...   57

اولین گام

دومین گام

سومین گام

چهارمین گام

فصل پنجم

معجزۀ باور ...   91

© Zara Zamany 2016
Förlag: BoD – Books on Demand, Stockholm, Sverige
Tryck: BoD – Books on Demand, Norderstedt, Tyskland
ISBN: 978-91-7699-195-4

مقدمهٔ

Inledning

آنچه مرا وادار به نوشتن می‌کند حسی است بسیار عَمیق، که از درونی‌ترین نقطهٔ وجودم به بیرونی‌ترین قلمرو کاینات متّصل است. اَفکاری که روزی فقط رؤیای من بود اینک صفحه‌های دفتر خاطراتم را پُر می‌کنند.

طی سال‌ها تَحقیق و تَفَحّص در زمینه‌های خودشناسی و زیست‌شناسی باور، به دستاوردهایی رسیدم که گاهی فکر می‌کنم در مکانی بی‌زمان و در زمانی بدون مَرز زندگی می‌کنم؛ گاهی از اتفاقات زندگی‌ام دچار شعَف و گاهی مُتعجّب می‌شوم ولی هرگز در هیچ برهه‌ای از زندگی ناباور نبودم، و می‌کوشم با تمرین، تعداد مُعجزات را بیشتر کنم .

مُدت‌هاست که تَصمیم به نوشتن گرفته‌ام، حسی مرا وادار می‌کند ولی نفْس من با دلیل‌تراشی‌های بی‌اساس که اغلب بر من چیره می‌شود به من ایست می‌دهد. ولی سرانجام با تشویق‌های دوست و استاد گرامی‌ام خانم دکتر اسماعیلی که خود یکی از مُعجزات زندگی من است، نیرویی در من بیدار شد و مرا متقاعد به مقابله با موانع کرد و نگارش آغاز گردید.

در سراسر این نوشتار می‌کوشم از ساده‌ترین الفاظ استفاده کنم تا بتوانم با درونی‌ترین نقطهٔ وجود تو ارتباط برقرار کنم!

3

ما انسانها موفقیت‌های زندگی، داشتن هَمسری ایده‌آل، ثروت اندوخته شده در حساب بانکی و یا درون بالشِ زیر سرمان را عامل خوشبختی می‌دانیم. پس با داشتن اینها یعنی همه چیز کامل است و تا زمانی که اینها هستند ما هم شادیم و اگر روزی نُقصانی در یك جُزء از آنها پیدا شد سعادت ما هم دچار نَقص می‌شود.

آیا براستی ما، موجوداتی به این پیچیدگی، خلق شده‌ایم که با این چیزها خوشبخت و در نبودشان بدبخت باشیم؟ آیا این است هدف از آمدن به این بی‌کرانهٔ دنیا که گاهی چون یك سلول انفرادی کوچك است؟ بیست، سی، پنجاه و اگر شانس بیاوریم هفتاد سال زندگی فقط برای اندوختن، به ما داده شده است؟ مسلماً این نمی‌تواند هَدف خِلقَت ما باشد. پس اگر این نیست غایت و هدف زندگی چیست؟

آنچه پیش روی شماست ساده‌ترین پاسخی است که می‌تواند شما را هم مثل من بیدار کند و به آنچه که در زندگی آرزویش را دارید برساند. فَقط کمی وَقت و تَمرین می‌تواند اَفکار شما را به دفترچهٔ خاطراتتان تبدیل کند.

همیشه در تمام مراحل زندگی‌ام تحت تأثیر نیرویی بی‌کران و ناشناخته دست به کارهایی زده‌ام که در زمان خود بسیار بی‌معنی و شاید به نوعی غَلَط تَلقّی می‌شد ولی پس از گذشت سالها، معنای آن عمل، به‌روشنی بر من آشکار شده و چه بسا آن راه و یا عمل تنها راه و عمل درست زندگی من بوده است! مثلاً مهاجرت من از وطنی

که همچون مادر برایم تَداعی مَعنای عشق بود و سکونت در نقطه‌ای که هیچ نور اُمیدی برای من در آن سوسو نمی‌زد، از آن معانی پُر ابهام بود که سالها برای درك آن در کوره‌های مختلف زندگی ذوب شدم، اما سرانجام مفهوم آن را دریافتم.

من این قُدرت بی‌کران را خالق هستی نامیدم و به آن عشق ورزیدم و دریافتم اِتصال به او، کنده شدن از هر گونه نیازمندی، و به نوعی بی‌نیاز شدن است!

کتابی که پیش رو دارید ثمرهٔ سیزده سال مطالعه و کار و تلاش در زمینهٔ تکنیك‌های پرورش ذهن و رسیدن به آرامش نسبی است. باشد که همانگونه که من و نگرشم نسبت به زندگی را عوض کرد برای شما نیز منشأ تغییر، و نقطه عَطفِ رسیدن به ایده‌آل‌هایی باشد که در آرزویشان هستید!

ز _ زمانی

فصل اوّل

عادت‌ها و باورهای کهنه

هرکه نَقص خویش را دید و شناخت   اَندر استکمال خود دو اَسبه تاخت

(مثنوي معنوي)

آیا تا به حال اتفاق افتاده است که بخواهید بعضی از جنبه‌های شخصیتی‌تان را عوض کنید ولی احساس کنید چیزی در وجود شما مانع می‌شود؟ یا باورهایی در پنهانی‌ترین نقطۀ وجود شما یك‌باره به بیرون سرریز شده و به شما ایست می‌دهد؟ این عادی‌ترین واکنش روزمرۀ ما آدمهاست که همواره می‌کوشیم به طور کاملاً ناخودآگاه جلو تغییرات را بگیریم و این ناشی از ترس از ناشناخته‌هاست که همواره با ماست. همواره در طول زندگی از بدو تولّد به ما آموخته‌اند که چگونه باید عمل کنیم، و با رعایت باید و نبایدهایی که نافرمانی از آنها عواقب بدی به دنبال دارد، افکار و ذهن ما مملو از باورهایی شده است که سالهای سال است با آنها زندگی می کنیم و کورکورانه به آنها چسبیده‌ایم. به‌طور مثال یکی از این باورها غیرممکن بودن تغییر در سیستم ژنتیك است. بر اساس ژن‌های موجود بر روی زنجیرۀ DNA انسان دارای یکسری خصوصیات از پیش تعیین شده

است و در این میان یکسری ژن‌های ناهنجار هم ممکن است باشد، که به باور عمومی‌غیر قابل تغییر است. هرگاه نتوانیم توجیه مناسبی برای کاستی‌ها و نواقصمان بیابیم به راحتی، خیال خود را با اتصال به این رشتهٔ توارثی آرام می‌کنیم و خویشتن را به دست ژنها می‌سپاریم! مثال سادهٔ آن این است که وقتی به‌خاطر بی‌ارادگی و تنبلی نمی‌توانیم از شرّ اضافه وزن خود خلاص شویم می‌گوییم این ژن چاقی است که ما در خانواده‌مان داریم و کاری هم نمی‌شود کرد! این بیولوژی من است! یا مثلاً زندگی کردن در ترس و وحشت را به ژن ترس ارتباط می‌دهیم و این باور باعث می‌شود که هرگونه تغییر و تحوّل ما را به هراس آورد و جرأت و خلاّقیت و شجاعانه رفتار کردن در زندگی را از دست بدهیم.

وقتی اعتقاد و باور ما به این گونه تفکّر که من همین هستم و یا همیشه این‌گونه بوده‌ام، در ما قوی گردد، بخش محدود کنندهٔ فکر هم بیشتر تأکید می‌کند که من همین هستم و کاری از من ساخته نیست و در نهایت از من موجودی با توانایی‌های بسیار محدود می‌سازد.

خوشبختانه با توجه به اصول و قواعدی که در پی خواهد آمد، می‌توان این طَرز تفکّر را عَوض کرد و خواهید دید که چگونه تغییرات آرام آرام زندگی شما را به یك مُعجزه تبدیل خواهد کرد!

قانونی به نام وراثت

کسانی که در رفتن به سوی حقیقت شکست خورده‌اند هدف زندگی را گم کرده‌اند.

بودا

در این سالهای اَخیر اعتقاد به این که انسان نمی‌تواند بیولوژی خود را تغییر دهد توسط دانشمندان علم بیولوژی و زیست‌شناسی سلولی، دچار تزلزل شده است و دانشمندان بر این عقیده هستند که می‌توان آن را مورد تَردید و پُرسش جدّی قرار داد؛ و چنین به نظر می‌رسد که انسانها توانایی‌های لازم برای عَوض کردن و یا مَعکوس کردن برنامه‌های ژنتیکی خود را دارند.

دکتر بروس لیپتون (Bruse Lipton) از پیشگامان این روش نوین در شناخت DNA و از مُتخصصان رشتهٔ سلول‌شناسی، قبل از استعفا از شُغلش در زمینهٔ امور علمی و تَحقیقاتی زیست‌شناسی سلولی تَدریس می‌کرد. لیپتون در کتاب خودش به نام زیست‌شناسی باورکه نتیجهٔ آخرین تحقیقاتش در مورد DNA است می‌گوید:

زندگی تحت کنترل ژن‌ها نیست

لیپتون طی تحقیقاتش نتیجه گرفت که ذرات مادی DNA تنها نیروی کنترل کنندهٔ حیات نیستند، و اعلام همین نتیجه سبب استعفای او شد. او متوجّه شد که بدن انسان و کُل موجودات و کاینات در ذات خودشان دارای جنس، روح و روان هستند، یعنی علاوه بر جسم مادی و زنجیرهٔ DNA یك نیروی نامرئی در کار است که یك حوزهٔ انرژی مستقل دارد و می‌تواند بر خواص و عملکرد ذرات مادی (سلول‌ها) تأثیر مُطلق بگذارد، و در واقع این میدان انرژی است که سلول را به حرکت درمی‌آورد. در نتیجه بدن فقط یك ماشین مادی نیست که به تنهایی خَواص فیزیکی داشته باشد، بلکه می‌توانیم بیاموزیم که این روان و ذهن هوشیار ما است که فَرمان می‌دهد و ژن‌ها را به مَرحله عَمل می‌کشاند و بر اساس تحقیقات لیپتون ما می‌توانیم کنترل سلامتی خود را به‌دست بگیریم و بر آن تسلّط داشته باشیم.

نتیجه اِعجاب‌آوری که لپتون از تحقیقاتش به دست آورد این بود که سیستم اعتقادی شخصی ما توان چیره شدن بر صفات توارثی سلولی را دارد؛ یعنی تنها عامل تعیین کنندهٔ سلامت ما باورها و روش زندگی ماست.

زمانی که ما روش فکر کردن و باورهای خود را تغییر دهیم و بتوانیم به گونه‌ای متفاوت از آنچه هستیم به مسائل بنگریم در حقیقت می‌توانیم عملکرد DNA خود را نیز تغییر دهیم. به عبارت

دیگر تنها با یك دیدگاه درست نسبت به خود و جایگاهمان در عرصهٔ باشکوه حیات می‌توان به خواسته‌ها اعم از آرامش، سلامتی، ثروت و غیره دست یافت.

آنچه فکر می‌کنیم و آنچه از پدیده‌های اطرافمان برداشت می‌کنیم همه و همه تأثیرگذارند. در واقع وقتی که روش زندگی و افکاری مغشوش و آشفته بر ما مُسلّط باشد همواره دچار مشکلاتی یکسان ولی با شکل‌های متفاوت می‌شویم و متعاقباً این مشکلات در درازمدت تأثیر بدی بر بدن ما می‌گذارد، بعد یك روز با نتیجهٔ آزمایشی شوکه می‌شویم که چرا دچار فلان بیماری شده‌ایم. در این میان همه چیز و همه کس حتی خدا را عامل آن می‌دانیم اما هیچگاه به این فکر نمی‌کنیم که خودمان و انتخاب‌هایمان عامل بروز آن بیماری بوده است.

تا به حال به این موضوع توجّه کرده‌اید که وقتی بیمار هستید، حال و حوصلهٔ چیزی را ندارید، و حتی یك انتخاب ساده هم کاری بس بزرگ به نظر می‌رسد؟ همانطور که بیماری و پریشانی جسم بر روح تأثیر می‌گذارد، پریشانی و سردرگمی روح هم یك نوع بیماری است که بر جسم اثر می‌گذارد و در درازمدت سلامت آن را به خَطر می‌اندازد.

اَفکار ما که با باورهای ما همواره در ارتباط هستند بیش از آنچه تصوّر کنیم اهمیت دارند و در عملکرد، و ساختار زندگی ما و شکل این ساختار نقش مؤثری ایفا می‌کنند.

برمی‌گردیم به دکتر لیپتون و ساختار DNA. این اواخر در اروپا خصوصاً در سوئد تب آزمایش DNA از طرف برخی آزمایشگاه‌های سلولی رواج پیدا کرده است و با تبلیغات گسترده، مردم را تشویق به انجام این آزمایش می‌کنند. عده‌ای هم، به هر منظوری که هست، کنجکاو هستند بدانند چه چیزی به عنوان میراث فامیلی در انتظار آیندهٔ دور یا نزدیک آنها است. فکر می‌کنید چه اتفاقی افتاد؟ عده‌ای پیشگام شدند و با تحویل مقداری از بزاق دهانشان، از آیندهٔ دردناک خود آگاه شدند. خوب این آگاهی چه پیامدهایی ممکن است داشته باشد؟ می‌توان به گونه‌های مختلف و از زوایای مختلف به آن نگاه کرد. طبق قانون توارث سلولی یکسری از بیماری‌هایی که به‌واسطه ژن‌ها تولید می‌شود در دورانی از زندگی، به عرصهٔ ظهور می‌رسند و این برای فردی که به آن باور دارد، آغاز ورود به دنیایی خواهد بود که در آن خودش را مبتلا به آن بیماری‌ها تصور می‌کند، و سختی و زجر آن را پیشاپیش در دنیای کنونی‌اش حس خواهد کرد. این فرد به نوعی ناخواسته قربانی افکاری می‌شود که انرژی حاصل از آن باعث فعّال شدن آن ژن‌ها می‌گردد و چه بسا زودتر از زمان موعود به آن دچار شود!

البته عده‌ای از کسانی که این آزمایش را انجام دادند، رنج و اندوه خود را بازگو کردند و آرزو کردند که کاش این آزمایش را انجام نداده بودند و نتیجهٔ آن را نمی‌دانستند.

باورها، زندگی و شرایط زندگی ما را می‌سازند. اگر باورها درست و هماهنگ با انرژی و قُدرت لایتناهی الهی که ما را خَلق کرده است باشد هر لحظه به حقیقت عظیم و اسرارآمیز کل کائنات که تحت حاکمیت خداوند است نزدیک‌تر می‌شویم، و دُرست بر عکس، اگر پیرو بی چون و چرای باورهایی باشیم که از بَدو تولّد تا به حال اندوخته‌ایم، عمری سراسر تَلاش با آرزوهای دست‌نیافتنی را تجربه می کنیم.

زیست‌شناسیِ باور به ما این نَوید را می‌دهد که ما می‌توانیم حاکم بر سَرنوشت خود باشیم؛ می‌توانیم با متّصل شدن به انرژی منشأ هستی که به صورت قُدرت فِطری در وجود ما نَهفته است تک‌تک سلول‌ها را مُحافظت نماییم و بیماری را از خود دور کنیم، و محیطی سلامت برای یاخته‌ها و ژن‌هایمان فراهم آوریم.

یکی از روشهای نوظهور و رایج علمی که رو به پیشرفت دارد، دانش شبهه‌دارو است.

علم ثابت کرده است که ذهن کنترل کنندهٔ بدن است. به عبارت دیگر آنچه ما فکر می‌کنیم، تصور می‌کنیم و آنچه را که تصور می‌کنیم باور می‌کنیم و آنچه که باور می‌کنیم بر بدنمان تأثیر می‌گذارد. در یکی از مقالات دانشکدهٔ پزشکی بیلر (Bayrlo) که در سال ۲۰۰۲ در نشریات انگلستان چاپ شد، دکتر بورس مازلی (Bruce Mazly) به تشریح عمل جراحی بر روی بیمارانی پرداخت که دچار زانودرد بودند.

دکتر مازلی می‌دانست که عمل جراحی به بهبود بیمار کمک می‌کند، و هر جراح ماهری نیز این را می‌دانست که شبهه‌دارو تأثیرگذار نیست. اما دکتر مازلی سعی کرد بفهمد که کدام قسمت از عمل جراحی بیشتر موجب تسکین بیمار می‌شود.

او بیماران مورد مطالعه را به سه دسته تقسیم کرد:عده‌ای غضروف صدمه دیده داشتند که او با جراحی غضروف آنها را تراشید. در مورد گروه دوم مبادرت به پاک کردن مواد زائد در ناحیهٔ مفصل زانو نمود که فکر می‌کرد عامل درد در آنها بوده است. و گروه سوّم را تحت عمل جراحی دروغین قرار داد؛ به این ترتیب که ابتدا داروی بیهوشی موضعی به بیمار داد و آنگاه سه برش که می‌بایست برای عمل انجام شود را روی زانو انجام داد، و سپس در حالی که حرفهایش نشان از جراحی کامل داشت و در طول عمل هم با ریختن آب سرم روی جای برش‌ها به بیمار وانمود می‌کرد که در حال جراحی و شستن زخم است محل برش‌ها را بخیه و پانسمان کرد.

بعد از عمل، هر سه گروه تحت مراقبت‌های ویژه و ورزشهای خاص بودند. آنچه تکان‌دهنده بود نتیجهٔ این آزمایش بود.

دو گروهی که تحت عمل جراحی واقعی قرار گرفتند طبق روال رو به بهبود بودند و اما بیماران گروه سوم که تحت عمل جراحی دروغین قرار گرفته بود نیز مانند دو گروه دیگر رو به بهبود بودند.

دکتر مازلی به این نتیجه رسید که تا به حال عمل‌هایی که این همه هزینه‌های سنگین و دردسرهای فراوان در بر داشته نقشی جز

شبه‌دارو برای بیمار نداشته‌اند. به عبارت دیگر، ذهن به‌واسطهٔ این عمل، خودش دست به کار شده و با این باور که عملی انجام شده و باید بهبودی حاصل شود، عضو بیمار را رو به بهبودی برده است.

شگفت‌آور است که بدن ما به کمک اعصاب، غدد و هورمون‌های موجود، آنچه را که نیاز دارد می‌آفریند. بنا بر این ما یک داروخانهٔ سیّار هستیم که می‌توانیم همهٔ ملزومات شفا یافتن را بسازیم. دارو نقش محرّک را بازی می‌کند. به طور مثال یک قرص سردرد، فقط اعصاب آن منطقه را تحریک می‌کند و با تحریک آن اعصاب، هورمون لازم ترشح شده و وارد خون می‌گردد و به این ترتیب منجر به آرامش مرکز درد می‌شود.

تجربه‌ای که من خودم از این آزمایش دارم شاید برای شما هم جالب باشد. سال‌ها پیش که تحقیق در مورد شبه‌دارو را شروع کرده بودم و به دلایل مشکلات و سختی‌هایی که در بدو مهاجرت به سوئد برای من پیش آمده بود، دچار آشفتگی معده شده بودم و بعد از هر وعدهٔ غذا دچار سوزش و ترشی معده می‌شدم، و تنها دارویی که آرامم می‌کرد پودری بود به نام ساب‌مارین Sirambun که می‌بایستی آن را در یک لیوان آب حل می‌کردم و بلافاصله پس از غذا می‌نوشیدم. بر اساس باورهایی که می‌توان گفت اکثر ما به آنها دچاریم وقتی که ماده‌ای نام دارو به خود بگیرد خصوصاً که در روز سه نوبت هم مصرف شوند، عملاً چیز خوشایندی نخواهد بود. یک شب تصمیم گرفتم از تحقیقاتم استفاده کنم و این آزمایش را روی

15

خودم انجام دهم هر چند که باید عواقب و درد آن را هم تحمل می‌کردم. پس دست به کار شدم.

برای شروع، یک وعده ناهار را انتخاب کردم. قبل از اینکه ناهار بخورم کمی مدیتیشن کردم، با خودم کمی حرف زدم و مانند اینکه بخواهم کودکی را آرام و توجیه کنم به خودم گفتم که بعد از غذا تصمیم دارم دارویی را امتحان کنم که تأثیرش بهتر و طولانی‌تر از ساب‌مارین خواهد بود و بعد در کمال آرامش غذایم را خوردم. سپس طبق روال همیشگی یک لیوان آب ریختم و با حرکتی که تجسم باز کردن یک پاکت دارو بود پودر خیالی را درون آب ریختم و به هم زدم و به خودم گفتم شاید بدمزه‌تر باشد ولی خوب می‌شوم، و همهٔ لیوان را سر کشیدم. جالب است که فرم صورتم و حرکتم دقیقاً مثل زمانی بود که ساب‌مارین می‌نوشیدم، بعد با خیال راحت به ادامهٔ کارهایم پرداختم. شگفت‌انگیز بود که من به ذهنم تلقین کرده بودم که باور کند و ذهن هم شروع به این کار کرده بود. یک ساعت، دو ساعت و سومین ساعت هم سپری شد و از درد معده و ترشی و سوزش گلو خبری نبود. خوشحال شدم و دستانم را روی شکمم گذاشتم و از او تشکر کردم.

پس از آن چند بار دیگر این روش را تکرار کردم. مشکل من به‌صورت معجزه‌آسایی حل شد. هنوز هم گاهی وقت‌ها که غذای نامناسب و یا سنگین می‌خورم دچار ترشی معده می‌شوم و بلافاصله

یک لیوان آب به عنوان دارو می‌نوشم و دقیقاً همچون دارو در من اثر می‌کند.

من براستی آموخته‌ام که با بدنم حرف بزنم، با آن مهربان باشم و به آن عشق بورزم. من معتقد به این باور هستم که قدرتی که در وجود ما است ذره‌ای از آن منشأ هستی است که ما را خلق کرده است و همان خاصیت و آفرینندگی را دارد و می‌تواند خلاّق و شفابخش باشد.

در این جهان هر اتفاقی امکان‌پذیر است اگر و تنها اگر ذهن خود را با تمام قوا صرف آن کنیم، و مطمئن باشیم که می‌توانیم معجزه بیافرینیم!

بر اساس تحقیقات بی‌شماری که در علم فیزیک کوانتوم انجام شده است ذهن انسان از قُدرت عظیمی برخوردار است که انسان فقط ۵ درصد از آن مورد استفاده قرار می‌گیرد، و ۹۵ درصدِ باقی‌مانده مشغول عمل کردن به عادت‌ها و آموخته‌هایی است که در طول زندگی اندوخته است. بر اساس آموزه‌های *زیست‌شناسیِ باور*، کتاب شگفت‌انگیز لیپتون که مطالعهٔ آن را اکیداً توصیه می‌کنم، این سرنوشت از قبل تعیین شده رخت برمی‌بندد و ما مجبور نخواهیم بود آن‌گونه که پرورش یافته‌ایم و بر اساس ساختار بدنمان که از والدین خود به ارث برده‌ایم زندگی کنیم و در واقع قربانی باشیم، بلکه می‌توانیم قُدرت انتخاب داشته باشیم که کجا، چگونه و به چه

شکلی زندگی کنیم؛ چگونه سلامتی، عشق، آرامش، ثروت را به زندگی‌مان جذب و بیماری، استرس، بدبینی، خودخواهی و فقر و نفرت را از خود و زندگی‌مان دور کنیم. همهٔ اینها مستلزم آگاهی به باورها و اعتقاداتمان و همچنین درک لزوم بازنگری و بازسازی آنها است. این دقیقاً مطابق با خواست و ارادهٔ خداوندی است که محبتش نامحدود، عشقش بی‌پایان، و برکتش بی‌انتهاست. او ما را این‌گونه می‌خواهد ـ انسانهایی با قُدرت انتخاب و مملو از عشق.

وقتی تغییرات ایجاد می‌گردد و افکارتان را با آگاهی‌ای که از جوهر اصلی وجودتان نشأت می‌گیرد، منطبق می‌سازید، در مرتبه‌ای والاتر از انرژی قرار می‌گیرید و این مسأله را در عمل هم می‌توان به وضوح حس کرد.

ما در جهانی زندگی می‌کنیم که تماماً انرژی است و هر عنصری دارای انرژی و ارتعاش مخصوص به خود می‌باشد و فرکانس این ارتعاش، کیفیت و چگونگی این عنصر را مشخص می‌کند. جسم ما هم یکی از این عنصرها است و افکار ما را که دارای فرکانس و انرژی است می‌فهمد و بر حسب اینکه آن فکر چه ارتعاشی دارد به حالت‌های مختلف مثل شادی، غم، استرس و غیره دچار می‌شود که همگی این حالتها قابل لمس هستند. جهان مادی و هر آنچه که در آن است دارای ارتعاش است و خود عمل آفرینش یعنی ایجاد هستی از نیستی، یک موج ارتعاشی است.

درک این موضوع خود یک بیداری است. اگر ما بیدار شویم و سعی کنیم خودمان را با منشأ ارتعاش که همانا منشأ هستی است هماهنگ کنیم، با فعّال کردن امواج دریافتی با افکارمان، خواهیم توانست باعث آفرینش و ظهور چیزی شویم که معجزه نامیده می‌شود؛ و این یعنی خداگونه بودن.

جیمز آلن معتقد است که ما آنچه را که می‌خواهیم جذب نمی‌کنیم، بلکه آنچه را جذب می‌کنیم که هستیم. پس می‌توان نتیجه گرفت، من آن چیزی هستم که باور دارم نه آن چیزی که حاصل کار ژن‌ها است و چه بسا بتوانیم با قُدرت بالفطره‌ای که از طرف خداوند در وجودمان داریم، موانع و بیماریها را شفا دهیم و کار معیوب ژن‌ها را به کاری عالی و بدون نقص تبدیل نماییم.

فصل دوّم

باورها کجا هستند؟

وقتی سخن از ذات بشر به میان می‌آید، افکار انسان به سوی ذهن معطوف می‌گردد. اسپینوزا (فیلسوف بزرگ واقع‌نگر هلندی قرن ۱۷ میلادی) ذهن انسان را بخشی از خِرَد لایتناهی الهی می‌داند که بی‌شکل و غیرمادی است و همیشه ـ چه در خواب و یا بیداری ـ در حال تأثیرگذاری و عمل کردن است، و جالب‌تر اینکه تنها رابط و محل اتصال با منشأ هستی می‌باشد. از نقطه نظر این بینش، ذهن بخشی از وجود خداوند است که در وجود ما جای گرفته و همواره با ما و آمادهٔ خدمت به ماست، و برترین خوبی‌اش شناساندن خداوند به ماست.

در واقع ذهن مسئول این است که شما چه کسی شده‌اید. اما یک موجودی هم در عمق شما وجود دارد که افکارتان از آنجا سرچشمه می‌گیرد؛ او پنهان است و مرموز. با این نگرش به ذات بشری، اینها دو نیروی ضَمیر انسانی هستند که می‌توان ضَمیر خودآگاه و ضَمیر ناخودآگاه نامید. آنچه که ما انجام می‌دهیم، فکر می‌کنیم، خلق می‌کنیم و یاد می‌گیریم به ضَمیر خودآگاه و یا خَلاّق ما برمی‌گردد که با تفکّر و تَمرکُز بر روی ذهن، خلاّقیت می‌آفریند. همچنان که همین ضَمیر خودآگاه اگر دچار ناهنجاری شود می‌تواند عاملی برای ویرانی و نابودی گردد.

اما آنچه که ما از روی عادت و بدون تفکر انجام می‌دهیم به ضَمیر ناخودآگاه یا عادتی برمی‌گردد. اعمال، نگرشها، باورهایی که

در طول زندگی مدام تکرار می‌شود و چه بَسا باعث عَذاب ما می‌گردد و برای تغییر آن همواره با مشکلات فراوان روبرو هستیم همه به ضَمیر عادتی برمی‌گردد.

جایگاه تمام باورها و آموزه‌هایی که در زندگی کسب کرده‌ایم همین نقطه است و همهٔ مشکلات و سردرگمی‌هایی که در زندگی به نوعی از سر خود بازشان کرده‌ایم نیز همین نقطه است که حتی گاهی در خواب هم گریبان ما را رها نمی‌کند.

ضَمیر خودآگاه

ضَمیر خودآگاه یا خلاّق در سطحی‌ترین نقطهٔ ذهن ما منزل دارد و بسیار بازیگوش است و همواره از یک فکر به فکر دیگر و از شاخه‌ای به شاخهٔ دیگر در پرواز است و گاهی تسلّط بر آن بسیار دشوار می‌گردد. ذهن هوشیار با اتصال به منشأ الهی می‌تواند همچون او خلاّق باشد ولی با پارازیت‌هایی که مانع این اتصال می‌گردد به بیراهه کشیده می‌شود. این پارازیت‌ها همان خود یا منِ کاذب است که به صورت نفسانیت در ما ظاهر می‌گردد. به طور مثال، این که من چه کنم که بهترین باشم، یا چه راهی مرا به قلهٔ شهرت و ثروت می‌رساند، و منیّت‌ها و برتری‌طلبی‌هایی از این دست، موانع این ارتباط هستند و انسان را در چالهٔ سیاه خودخواهی مدفون می‌کنند.

ضَمیر خلاّق همواره آماده و گوش به فرمان است، و می‌تواند افکار را به فرمان شما و با تمرین بر آنچه که بر آن تأکید دارید، تغییر دهد؛ و هر مهارت جدیدی را که به آن اهتمام می‌ورزید بیاموزد، و به آنچه که دستور می‌دهید فکر کند؛ و ذهن، با انضباط و کوشش می‌تواند هر کاری را که بر آن تمرکز دارید انجام دهد. ذهن خلاّق الهی هیچ چیزی طلب نمی‌کند و همواره در تکاپوی خلق و آفریدن است و در مقیاس بشری نمایشگر قُدرت لایتناهی الهی است.

تحقیقات نشان داده است که حتی کاری را که ما عملاً انجام نداده‌ایم و برایش آموزش ندیده‌ایم اگر در فکر و ذهن‌مان بسازیم و انجام دهیم، ذهن شروع به یادگیری می‌کند و آن عمل را همچون عملی که اتفاق افتاده است در خود ثبت و نگهداری می‌کند و در زمانی که ما می‌خواهیم آن عمل را انجام بدهیم به یاری‌مان می‌شتابد؛ درست مثل رانندگی کردن. وقتی که آموزش می‌بینیم و مدتی رانندگی می‌کنیم ذهن ما از عمل رانندگی برای خودش تصویربرداری می‌کند و در حین رانندگی، این ذهن خلاّق ماست که به کمک می‌آید و مثلاً هنگام تعویض دنده بدون اینکه به دنده نگاه کنیم دست ما به فرمان ذهنمان، این کار را انجام می‌دهد. پس می‌توانیم نتیجه بگیریم، اگر ما فکرمان را خودمان انتخاب کنیم و همراه با فکرمان، تلاش برای آموختن و عمل کردن داشته باشیم بعد از مدتی ممارست، ذهن ما این عمل را در زمرهٔ رفتارهای ما درمی‌آورد.

همانگونه که خِرَد الهی، عالم بی‌کران هستی است، ضَمیر خلاّق ما هم عالم کوچک هستی ما محسوب می‌شود و آن را هدایت و راهنمایی می‌کند.

با تسلط بر ذهن هوشیار به وسیلهٔ آگاهی از افکار و کمی مراقبه می‌توان مهارت‌های لازم برای تجلّی ذهن و تغییر در تفکر، و در نهایت بهبود زندگی خود و اطرافیان را تضمین کرد. ما تنها با کنترل نوساناتی که می‌تواند تاب و توان و انرژی انسان را در هم بشکند می‌توانیم بر ذهن خود تسلط یابیم و به آن جهت بدهیم.

در فصول آینده روشهای کنترل ذهن و جهت دادن به آن در مسیری که آگاهانه انتخاب کرده‌ایم را برای شما بیان خواهم کرد.

ضَمیر ناخودآگاه

از زمانی که جنین در رَحِم مادر تشکیل می‌شود و اُرگان‌هایش شکل می‌گیرد، شروع به جمع‌آوری و اَندوختن سیگنال‌هایی می‌کند که از اطراف می‌رسد. این سیگنال‌ها مملو از باورها، اعتقادات، نقطه‌نظرها، باید و نبایدهای خانوادگی، فرهنگی، اجتماعی، مذهبی جهان اطراف ما است که در نقطه‌ای به نام ضَمیر ناخودآگاه یا عادتی اندوخته می‌شود.

بسیار اتفاق می‌افتد برای انجام عملی با یک شیوه که بارها و بارها آزموده‌ایم و هر بار هم دچار مشکل و سردرگمی شده‌ایم،

تمایلی به تغییر احساس نمی‌کنیم و با بهانه‌های گوناگون خودمان را با جملاتی از این قبیل که «روش زندگی من این است»، یا «من چنین رُشد کرده‌ام»، یا «تربیت و پرورش من چنین بوده است»، آرام کرده‌ایم، و بار دیگر که در معرض انجام همان عَمل قرار گرفته‌ایم باز به همان شیوهٔ سابق رفتار کرده و دچار همان دردهای تکراری شده‌ایم.

آیا هیچ فکر کرده‌ایم که چرا ما باید اینقدر سخت و دردناک زندگی می‌کنیم؟ چرا باید همیشه بی‌پول و فقیر باشیم؟ چرا همواره با دردهای مختلف جسمانی و بیماریهای متفاوت دست به‌گریبانیم؟

چگونه از شرّ این مصائب نجات پیدا می‌کنیم؟ چه کنیم که هَمواره خوشحال باشیم و احساس خوشبختی در ما اَبدی باشد؟ چه کنیم تا بتوانیم راحت به خواسته‌هایمان دست پیدا کنیم و از کارهایمان بهترین نتیجه را بگیریم؟

حقیقت این است که این همه درد و ناخوشنودی، با وجود کار و تلاش طاقت‌فرسا، همه و همه برگرفته از باورها و اندوخته‌هایی است که در طول زندگی، ناخواسته چون گنجی گران‌بها انباشته‌ایم و ناخواسته و به صورت عادت از آنها استفاده می‌کنیم و همان 95 درصد واکنشها و اعمالی که در زندگی ما به ظهور می‌رسد از همین ضَمیر عادتی نشأت می‌گیرد.

باورهایی که ما با خودمان داریم و بسیاری از کارهای روزمرهٔ ما بر اساس آن در ضَمیر ناخودآگاه ما سازماندهی و برنامه‌ریزی

می‌شود مانند آن است که بیشتر امور زندگی خود را به یک خلبان خودکار سپرده باشیم. ضَمیر عادتی را می‌توان دقیقاً به یک دستگاه کامپیوتر مرکزی تشبیه کرد که کل برنامهٔ اصلی را به صورت دائمی راه‌اندازی می‌کند، و تقریباً غیرممکن است که برای بازنویسی و ویرایش برنامه‌های آن، نرم‌افزار جدیدی را نصب کنیم. این باورها و تصوّرات و پندارها همچون یک سری اطلاعات در ضَمیر عادتی ما ذخیره شده است و به صورت یک برنامهٔ اصلی و دائمی، زندگی ما را اداره می‌کند.

بسیاری معتَقد هستند که نمی‌توان تغییری در این برنامه‌ها داد اما من نمی‌توانم بپذیرم که ما محکوم به این گونه زندگی کردن هستیم، محکوم به پیروی از برنامه‌ای هستیم که بدون اراده و خواست ما در ضمیر ما قرار گرفته است. من معتقد به این باور هستم که ما انسان‌ها آزاد آفریده شده‌ایم و حقّ انتخاب داریم، پس نباید کورکورانه و ناآگاهانه حقّ انتخاب را از خویش سَلب کنیم.

حال این سؤال پیش می‌آید که چگونه ممکن است چیزی را که خارج از دسترس است تصحیح کرد؟ درست مانند آن که بخواهیم دستگاه خرابی که در یک صندوقِ دربسته و قفل شده قرار گرفته را تعمیر کنیم. مسلماً برای دسترسی به آن دستگاه باید ابتدا کلیدی برای باز کردن صندوق پیدا کنیم. در واقع ما باید ابتدا رمز رسیدن به باورهایی که در ضَمیر ناخودآگاه‌مان مَحبوس هستند را پیدا کنیم تا بتوانیم مُحتویات درون آن را مورد ویرایش و بازسازی قرار دهیم.

مارک تواین (۱۸۳۵ ـ ۱۹۱۰) نویسندهٔ آمریکایی و خالق داستان *هکلبری فین* می‌گوید: «عادت، عادت است و نمی‌توان ناگهان آن را از پنجره به بیرون پرتاب کرد، اما می‌توان با چرب‌زبانی پله‌پله آن را پایین کشید.»

هدف من این است که به شما کمک کنم آرام آرام از پلکانِ طرز فکرهای غَلَط پایین بیایید؛ طرز فکری که شما را از رسیدن به یک زندگی مطلوب باز می‌دارد و باعث می‌شود که همواره آرزو در دلهایتان قبل از اینکه به نهالی تبدلی شود، خشک گردد.

همان‌گونه که سیستم عامل یک کامپیوتر قابل تعویض است، سیستم ذهن شما هم توانایی عوض کردن برنامه‌های خود را دارد. بنا بر این رها شدن از عادت‌هایی که منشأ ژنتیک یا رفتاری دارند، کاملاً عملی و امکان‌پذیر است.

پس با کسب عَقایدی با ماهیّت روحانی دارند نگاه تازه‌ای به مسائل اَنداخته و ادراک و خَردتان را با جدیّت با این عقاید تطبیق دهید و از عقایدی که در ساختار ژنتیک شما ثابت است، فراتر روید. با بی‌توجّهی به عادات و برنامه‌ریزی‌های کودکی که توسط عده‌ای از مردم که خداوند را به حاشیهٔ زندگی‌شان رانده بودند، انجام شده، و همچنین با تواناییهای جَدید در شناخت خود می‌توانید نفس را (خودِ کاذب) را از تَخت پادشاهی به پایین بکشید!

با استناد به نظریّهٔ علمی اثبات شده‌ای که می‌گوید، باورها و اعتقادات دارای توانایی لازم برای سازماندهی مجدد و تغییر دنیای

مادی شما هستند با باورهای گذشتهٔ خود روبرو شوید و سپس همین باورها را در مورد بعضی ویژگیهای خود که به عنوان نقش و یا سرنوشت قَطعی خویش پذیرفته‌اید، به کار بگیرید، و اجازه بدهید که این افکار در مورد بیولوژی خودتان به آرامی وارد سیستم اعتقادی شما شود و یقین بدانید که همواره اعتقادات شما تأثیرگذارتر از DNA شماست. و می‌توانید اعتقادات جَدیدتان را به صورت ذرات غیرمادی در جهان غیرمادی تصوّر کنید و ذهن خلاّق‌تان را آمادهٔ دریافت و پذیرش و اندوختن نمایید.

با ساختن جملاتی که بیانگر فلسفهٔ جدید شما در مورد ژنتیک باشد و تکرار آنها در روز می‌توانید قُدرت پذیرش و باور را در ذهن خود بیشتر کنید.

من با نوشتن جملاتی که عادت به تکرار آنها دارم و به صورت یادداشت‌های کوچک در اطراف میز کار، ماشین، آشپزخانه و تقریباً همه جا به چشم می‌خورد، ذهن خود را از سردرگمی نجات می‌دهم و تلاش می‌کنم بر میزان ۵ درصد خلاّقیّت ضَمیر آگاهم بیفزایم، و به جای استفاده از ۹۵ درصد افکار عادتیِ ضَمیر ناخودآگاه، ذهن بازیگوشم را به خلاّقیت دعوت کنم.

این جملات بسیار پُرانرژی است و شما هم می‌توانید امتحان کنید:

✓ من با تغییر دیدگاه و عقیده‌ام می‌توانم بر مشکلات زندگی‌ام غلبه کنم.

✓ من قُدرت غلبه بر افکار قدیمی در مورد تغییرناپذیری اندوخته‌های ژنتیک را دارم.

✓ ساختار ژنتیک من به فرمان من عمل می‌کند و همواره محیطی سالم و خالی از ناهنجاری را برای بدن من فراهم می‌آورد.

✓ من به تک‌تک سلول‌هایم فرمان می‌دهم که با عشق و سلامت در کنار هم زندگی کنند.

✓ من می‌توانم با اصلاح عقایدم، تمام معایب خود را اصلاح کنم و وضعیت خود را بهبود ببخشم.

✓ من می‌خواهم ایمان و اعتقادم را در بالاترین سطح ممکن حفظ کنم و از ملامت کردن افراد، وقایع و شرایط به خاطر نقص و کمبود در زندگی‌ام پرهیز نمایم.

چند راهکار کوتاه برای نگرش تازه به ضَمیر آگاه و ناخودآگاه

با کمی آشنایی با کار ضَمیر خلاّق، حال می‌دانیم فکر کردن و تصویرسازی و در واقع رؤیاپردازی از وظایفی است که او به عهده دارد. حال اگر کنترل را از روی آن بَرداریم و آزادش بگذاریم چه اتفاقی می‌افتد؟ ذهن ما کاملاً باز و بدون محافظ پذیرای انواع و

اقسام افکار خوب و بد، و به تعبیری دیگر ناهنجار و ویروسی می‌شود.

به این نکتۀ اساسی توجّه کنید که فکر چیزی نیست که در مغز شما یافت شود (یعنی مادی نیست) بلکه سیستمی از انرژی است که در هیچ جای جهان یافت نمی‌شود. در واقع خود کائنات در ذات خود غیرمادی‌اند و از یک حوزة انرژی به وجود آمده‌اند و فکر نیز یک حوزة انرژی است که با ارتعاشات مختلف، پدیده‌های مختلف را در قلمرو مادی تولید می‌کند. این حوزۀ انرژی تابع جسم است. ضَمیر خودآگاه شما هَمواره در حال فکر کردن و پراکندنِ این فرکانس و در واقع ارتباط با این حُوزۀ انرژی می‌باشد.

برای بهتر گسیل کردن این فرکانسها و اتصال و مُوفّق، بایستی کمی آرام بگیریم و با مراقبه و مدیتیشن، خلئی به وجود بیاوریم، و با خالی کردن فضای ذهن، انرژی بیشتری را ذخیره کنیم و با قُدرت بیشتر برای اتصال به حوزة انرژی کاینات آماده شویم.

مراقبه، که همان سکون و تَمرکز روی هیچ است، با قرار گرفتن بدن در یک حالت خاص مثلاً نشستن، دراز کشیدن و یا حالتی که بدن احساس خوب و آرامی داشته باشد به وجود می‌آید. این حالت از شاخ و برگ دادن به افکار پوچ و بی‌نتیجه‌ای که نه تنها فایده‌ای ندارند بلکه بسیار مضر هم هستند جلوگیری می‌کند و نمی‌گذارد ذهن ما مشغول یکسری بازیگوشی‌ها و در نتیجه ویروسی شود.

دانش مراقبه گران‌بهاترین گوهری است که می‌توانید به خودتان هدیه کنید، زیرا فقط از این راه است که می‌توانید خود را کشف کنید، و به راه‌های شناخت خویش نائل شوید و به ذات حقیقی خود دست یابید، که به دست آوردن آن، به معنی کسب تعادل، و اعتماد به نفس برای خوب زندگی کردن و همچنین خوب مردن است.

مراقبه با تکرار کلمات و جملات پُرقُدرت، افکاری قوی‌تر و پُر ارتعاش‌تر تولید می‌کند، که انرژی حاصل از آن بسیار تأثیرگذار است. به جای فکر کردن به کمبودها، بیماری‌ها، شکست‌ها و افسردگی‌ها به **عشق، مُحبّت، فراوانی، سلامتی، شادی و آرامش** که همانا مشخصهٔ منشأ حیات ماست بیندیشید و ضَمیر آگاه خود را از نو بپرورانید و به او بیاموزید که هر آنچه که می‌خواهید از قبل آماده است و هم اکنون وجود دارد و می‌تواند در اختیار شما باشد فقط تا به حال به آن متّصل نبوده‌اید. همهٔ اینها درست مثل تمام چیزهایی که در اطراف شماست، وجود دارد ولی تا زمانی که شما با آنها کاری ندارید در زندگی‌تان نقشی ایفا نمی‌کنند.

و این را بدانید که هیچ چیزی نمی‌تواند مانع دسترسی شما به آن چیزها شود. افکاری که در راستای خرد الهی قرار دارد را حفظ کنید و به تدریج خویش را به آن متّصل نمایید.

ضَمیر ناخودآگاه و غیرارادی که شما را به افکار محدود کننده وا می‌دارد و در زیر سطح هوشیاری واقع شده است، نمی‌تواند بهانه‌ای برای ادامه یافتن عادت‌هایی شود که سالهای سال به طور

31

محسوس و نامحسوس زندگی شما را در دست داشته است. با آگاهی و تمرین و ممارست می‌توان آن صندوقچهٔ قفل شده را باز نمود و به باورها و عادت‌هایی دست یافت که بسیار دست‌نیافتنی به نظر می‌رسند.

دوست دارم به جای لفظ ناخودآگاه از کلمهٔ **عادت** استفاده کنم و سعی بر این است که باور کنیم این ضَمیرِ عادتی نقش بزرگی در زندگی ما بازی نمی‌کند، و ما با فراست، می‌توانیم عادت‌ها را از ضَمیر ناخودآگاه به ضَمیر خودآگاه یعنی سطح هوشیاری منتقل کنیم. این دقیقاً مشابه همان مِتُد روان‌درمانی است که در معالجهٔ بیماران روان‌پَریش به کار گرفته می‌شود؛ به این ترتیب که با حرف زدن با بیمار، او را به عقب یعنی به دوران کودکی می‌برند تا بتوانند از ناخودآگاه آنان، باورها و یا اتفاقاتی را که باعث بروز پریشانی و ناهنجاری شده و در نهانی‌ترین نقطه‌ها جا خوش کرده است را به سطح آورده و با روش خاصی آن را بی‌رنگ و مَحو کنند. زیرا آنچه در سطح هوشیاری قرار گیرد به آسانی قابل دید و تَغییر می‌شود. به قول کارل یونگ (۱۸۷۵ـ ۱۹۶۱) روان‌شناس سویسی: «توسعه تمام دانش‌ها، ناشی از تبدیل ناخودآگاه به خودآگاه است.»

اگر ما عادت‌های مُخرّب و غیرقابل‌قبول‌مان را جِدّی نگیریم و آنها را به سطح آگاهی نیاوریم، و در عوض با توجیه‌های گوناگون سعی در کم‌رنگ کردن آنها نماییم، هیچ‌گاه تَغییری در وجودمان به وقوع نخواهد پیوست. پس با جدی گرفتن آنها با قُدرت اراده و

اختیار، این انتخاب را در خود تقویّت می‌کنیم تا بتوانیم به راحتی روزی از شَر آنها رهایی یابیم.

کلمات و جملات مثبت و پُر انرژی حتی اگر به طور خودکار ادا شود باز این توانایی را دارد تأثیر مثبت بگذارد. گوش کردن به بعضی از نصایح دوران کودکی از جمله «کار بد نکن»، یا «کار خوب بکن»، می‌تواند کمک بزرگی برای از میان برداشتن عادت‌های غَلط باشد. بعضی جملات در عین سادگی حاوی قُدرت بزرگی هستند و ذهن را مشغول می‌کند و همین مشغولیتِ ذهن باعث تولید افکاری با انرژی فراوان می‌شود.

فصل سوم

آگاهی

تفکر بدون آگاهی، مُعضَل زندگی بَشَر است

اکهارت تُله

فیلسوف آلمانی

ملاقات و شناخت خود واقعی، تجربهٔ شگفت‌آوری است که آگاهی مقدمهٔ آن است. روزگار و سالهای طولانی از عمر را سرسری گذراندن، بدون داشتن یک عقیده و الگوی فکری درست در زندگی موجب می‌شود که نفس (خودِ کاذب) تقویت شود. وقتی نفس قوی شود همهٔ وجود انسان را فرا می‌گیرد و جایی برای آگاهی باقی نمی‌گذارد. غالباً آگاهی و نفس با هم نمی‌توانند در یک جا باشند، زیرا آگاهی کمک می‌کند که خودِ واقعی رُشد کرده و در مقام و منزلت والای خود قرار بگیرد و آنگاه نفس از حکمرانی بر اُمور انسان ساقط می‌شود.

هویت شما و آنچه که واقعاً هستید ریشه در یک عالم نامرئی دارد. دانشمندان معتقدند که حیات مادی از یک حوزهٔ انرژی تولید شده است، حوزه‌ای که انسان هم از همان به وجود آمده، و حیات او در این حوزهٔ مادی از آن و رجعت او نیز به سوی آن است.

انسان چند صَباحی به شکل جِسم در این حوزهٔ انرژی ظاهر می‌شود، اگر تابع نفس و خودِکاذبش باشد، همواره به صورت جسم باقی می‌ماند با افکاری که فقط پیرامون مادیّات دور می‌زند تا زمانی

35

که جسم را ترک کند. زیرا نفس می‌گوید من همین جسم، دارایی‌ها و دستاوردهای مادی هستم نه چیزی دیگری. اما توجّه به جوهَرهٔ اصلی وسیله‌ای است برای بیداری نسبت به شکوه و عظمت خود، نسبت به خداگونه بودنِ خود، و نسبت به قُدرت منحصر به فردِ خود که می‌توانیم به سوی آنَ برگردیم. و این همان قُدرتی است که بدون هیچ عُذر و بهانه‌ای، هر آنچه را که احساس می‌کند ما در این کُرهٔ خاکی نیاز داریم، خلق می‌کند.

با دست یافتن به آگاهی، دیگر توجیه کاستی‌ها و فرصت‌های نابود شدهٔ زندگی لزومی نخواهد داشت، زیرا در این حالت با فرصت های برتر وارد حوزهٔ بصیرت بَرتَر خواهیم شد.

آنچه که ما را به سوی آگاهی و رسیدن به بَصیرت روانه می‌کند، این است که متوجّه باشیم که با پیروی از عادت‌های قدیمی و غَلَط در حال ایجاد موانع در زندگی خویش هستیم. وقتی که به توجیه‌ها و بهانه‌های غَلَط خود پی می‌بریم در واقع امکانات وسیعی به روی ما گشوده می‌شود. با توجّه کردن به خودِ کاذب و شناختن محدودیت‌های آن، اولین گام را در جهت رشد و آگاهی از خودِ واقعی بَرداشته‌ایم.و از آن پس بِدون اینکه با دید انتقادی به خودِ کاذب بنگریم، می‌توانیم با صبر و کوشش نظاره‌گر محو شدن تدریجی آن باشیم.

پذیرفتن این باور که ما فقط یک جِسم و یک قالب نیستیم و در دَرون ما ذات الهی بی‌شکل و بدون حَد و مَرز و لایتناهی با قُدرت

نامحدود وجود دارد، آگاهی ما را به ذات الهی بیشتر می‌کند و هنگامی که در راه رُشد و آگاهی پیش می‌رویم به آن اجازه می‌دهیم تا در تمام جنبه‌های زندگی ما وارد شود و دست به عَمل بزند. البته این رَوَند مستلزم به کارگیری صِداقت، صمیمیت، خدمت به دیگران، مهربانی و تواضع در تمام جَنبه‌های زندگی است. تلاش در جهت آگاهی کمک می‌کند تا افکاری با انرژی نامحدود و خلاّق در ما رشد کرده و ظاهر شود.

برای رسیدن به این آگاهی باید اطلاعات لازم را از منشأ هستی‌مان به دست آوریم و با جریان انرژی او همسو شویم. به عبارت دیگر با قرار گرفتن در آن حوزه، شروع به فرستادن و گرفتن فرکانس‌هایی کنیم که در خلق و ساختن همان زندگی که آرزویش را داریم به ما کمک می‌کند .

در ادامهٔ این کتاب در مورد منشأ لایتناهی و نامحدود بیشتر می‌خوانید.

چند جمله با انرژی بالا که می‌تواند به ما برای دستیابی به آگاهی برتر یاری کند به شما پیشنهاد می‌کنم:

✔ **من موجودی نامحدود و لایتناهی هستم.**

✔ **تمام اعمال و افکاری که از من سر می‌زند قابل کنترل و بازسازی است.**

✓ **من می‌خو اهم باورهایم را مرور کنم.**

✓ **من نفس و خودِ کاذبم را با آگاهی و نظارت بر آن محو می‌کنم.**

✓ **من موجودی دارای ذات الهی هستم با قابلیت‌های نامحدود.**

حُوزۀ لایتناهیِ الهی

سعی کنید نیرویی را که همه جا هست، و هیچ جا نیست تصوّر کنید. شما آن را نمی‌بینید ولی جایی نیست که شما باشید و حضورش را حس نکنید.

این نیرو نمی‌تواند تقسیم شود ولی در هر چیزی که می‌بینید و لمس می‌کنید هست!

می‌خواهم ذهن‌تان را از این جهان مادی و محدود، به حوزۀ انرژی

نامَحدود به ماورای جهان مادی و مَحدود بَسط و توسعه دهید. این نیرو همه جا هست ـ هم در دنیای مادی و هم غیرمادی. جسم فیزیکی شما جزئی از کُل شما و متجلّی شده از این انرژی است. درست از لحظۀ بسته شدن نُطفۀ شما، این نیرو، چگونگی ظهور فرم مادی و فیزیکی شما، چگونگی رشد، خصوصیّات ژنتیکی و بالاخره کیفیت سالخوردگی شما را هدایت و رَهبَری می‌کند. همچنین این

نیرو، جَنبه‌های غیرمادی شما از قَبیل، احساسات، اَفکار، و تمایلات شما را نیز در جَریان آفرینش تن اداره و رهبری می‌نماید.

در مَجموع می‌توان گفت این نیرو یک توانایی بالقوهٔ لایتناهی است که ظُهور و حُضور مادی و غیرمادی شما را روی کرهٔ خاکی فعّال می‌سازد.

شما موجودی شکل گرفته از این حوزهٔ انرژی هستید، که در بُعد زَمان و مَکان حُضور پیدا کرده‌اید.

از آن جایی که این نیرو به طور جَمعی در هَمه چیز (گیاهان، حیوانات، طبیعت و انسانها) وجود دارد، بسیار قابل دسترسی است. تنها زَمانی این حوزهٔ انرژی به صورت غیر فعّال و خُفته درمی‌آید که اعتقاد و باورش بر این باشد که از آن جدا هستید. در این صورت، در واقع برای شما دیگر فعّال نیست.

باور داشتن این نیرو و دسترسی به آن، دسترسی به نیروی منشأ خلاّق الهی است که با پیوستن به آن به مبدأ می‌پیوندیم و به آن درجه از آگاهی دست می‌یابیم که هر چیز که در تصوّرمان آید به حقیقت بپیوندد. زمانی که شما به این نیرو اعتماد کنید و به آن احترام بگذارید، در حال احترام گذاشتن به خود هستید زیرا این نیرو در درون شما همواره به شکل فراگیر و تپنده وجود دارد تا توانایی‌های بالقوّهٔ شما را در جهت یک زندگی هدفمند به کار اَندازد.

هنگام ورود به دنیا این نیرو به صورت فعّال در وجود ما عَمل می‌کند و ما را تماماً به منشأ و مبدأ آفرینش متّصل می‌نماید، ولی

چگونه است که ما حِس می‌کنیم به مرور زَمان این اتّصال قَطع شده است؟

برای فَهم این مطلب می‌توان گفت، تمام موجودات اَعم از گیاهان، پرندگان، حیوانات، دنیای معدنی و کل کائنات همواره به این نیرو متّصل هستند. یک ماهی برای رشد و زندگی نیازی به کمک ندارد، یا تخم گیاه وقتی در خاکی مناسب بیفتد طی مدت زمانِ از قبل تعیین شده به گیاهی کامل تبدیل می‌گردد. آنها هیچ‌گاه در مورد قصد و هدفشان سؤال نمی‌کنند، آنها فقط زندگی می‌کنند. ولی ما انسانها به خاطر فرآیندهای مغزی، تربیت بعد از ورود به دنیا، و مهم‌تر از همه به خاطر حِس منیّت (خودِ کاذب) که در درون‌مان اَنباشته است، خود را با این سؤال مواجه می‌بینیم که چه کسی هستیم و چه می‌خواهیم می‌کنیم. کمی بازتر بگویم، ما با پیروی از کارکرد مغزی و دانش مادی و نفس، به دنبال ساختن چیزی از خود هستیم که بتوانیم بگوییم این من هستم، و بعد با این شغل، با این اندازه دارایی و مقام و غیره که در اختیار دارم خود را معرّفی می‌کنم و با نمایش منیّت خویش، کارایی این نیرو در وجودمان تحلیل رفته و غیرفعّال می‌گردد.

مهم نیست که چقدر تَلاش کنیم زیرا این نیرو نمی‌تواند از طریق منیّت فعّال گردد فقط با حذف کردن خودِ کاذب است که می‌توانید جستجوی آن را در درون خویش آغاز کنید و توانایی‌های بالقوّهٔ خویش را به جریان بیندازید.

فعّال‌سازی این نیرو، در واقع برقراری ارتباط با ذات مطلق خودتان، و رها شدن از کل تعاریف، شناسه‌های منیّت است. با برداشتن گامهای دُرست می‌توان خود را آمادهٔ اتصال مجدّد کرد.

✓ **اولین گام** برای آمادگی، از جسم مادی شما شروع می‌شود. توجّه به جسم، یعنی قالبی که در آن زندگی می‌کنید، بسیار مهم است زیرا شما یک جسم نیستید که روح دارید، بلکه روحی هستید که در یک قالب مادی به نام جسم جای گرفته‌اید. سلامتِ جِسم با غذای مناسب، ورزش، خواب کافی و در کُل به روشی فعّال که جسم شما را از سردرگمی‌های مخرب دور نگاه دارد، حاصل می‌شود و توانایی‌های شما را در پَرورش و هماهنگ‌سازی افکارتان و احساسات‌تان یاری می‌کند.

✓ **دومین گام** انضباط و برنامه‌ریزی دقیق است که به شما کمک می‌کند بر تمام زوایای جسمی و روحی خود در زیر سایهٔ نَظم، کنترل داشته و در جهت رُشد خِرد و دانایی خود بکوشید.

✓ **سومین گام** بعد از انضباط و خِرد و دانایی، عشق ورزیدن است به آنچه انجام می‌دهید و انجام دادن آنچه که به آن عشق می‌ورزید. عشق ورزیدن به کاری که انجام می‌دهید موجب نتیجه‌ای بَس شگفت می‌شود برکت و فراوانی چند برابر به همراه می‌آورد.

✓ **چهارمین گام** تسلیم شدن و رها شدن است.

این گام مربوط به جسم و خِرد شما نیست، بلکه اینجا حُوزهٔ نیروی الهی است که در آن قدم می‌گذارید. این گام همان توکّل است. جایگاهی که در آن باید باور کنید، اعتماد کنید و رها کنید.

با رها کردن خود در این کانون به او اجازه می‌دهید دست به کار شود و شما را در مسیری قرار دهد که باید باشید .

با برداشتن این گام، وجودتان با نور الهی روشن می‌شود و ملاقات با روح الهی برایتان ممکن می‌گردد. حضور این روح در وجود مادی شما، به شما قدرت می‌بخشد و با اتصال به این قُدرت که همواره در اختیار دارید می‌توانید به کارهای بزرگ دست بزنید، می‌توانید مُعجزه بکنید.

این تسلیم و رهایی هیچ منافاتی با اختیار و آزادی شما ندارد زیرا ارادهٔ آزاد شما می‌تواند همراه این روح مقدّس حرکت کند. با توکّل بر ذات و قدرت الهی، شما می‌توانید به تمامیّت نیّت خِلقت خود نایل گردید. عیسی مسیح می‌فرماید: «اگر ذره‌ای ایمان در وجودت باشد، می‌توانی به کوه فرمان دهی تا از جای خویش حرکت کند.»

اِعتماد و تسلیم راهی برای رسیدن به آرامش است و می‌توان گفت عَدم تسلیم و رهایی، شما را به منیّت‌تان نزدیک‌تر می‌کند و هماهنگی با منیّت زندگی را برای شما تبدیل به عَرصهٔ مبارزه و کشمکش می‌کند، جریان انرژی‌تان کُند و آهسته‌تر می‌شود، احساس ناامیدی، ناتوانی، و سردرگمی در همه جای زندگی‌تان سَرَک

42

می‌کشد. اینجاست که می‌توانید با ارادۀ آزاد به سوی ذات الهی بازگشته و به قُدرت آن تکیه کنید.

اینکه ما بخواهیم در سطح انرژی برتر باشیم، به خواست ماست و از ارادۀ آزاد ما نشأت می‌گیرد. در قلمرو ذات الهی، انرژی و روح الهی در اختیار شماست و برای شما کار خواهد کرد.

مثالی برای روشن شدن وجه تسلیم و توکّل برای‌تان می‌آورم که شاید بهتر قابل درک باشد. فرض کنید فرزندتان با یک اسباب بازی خراب پیش شما می‌آید و از شما خواهش می‌کند که آن را تعمیر کنید. شما با عشق می‌خواهید به فرزندتان کمک کنید و شروع می‌کنید به باز کردن اجزا اسباب بازی. در این میان فرزند شما می‌آید جلو و با برداشتن اجزا از هم جدا شده می‌خواهد در تعمیر اسباب بازی مداخله کرده و به نوعی به شما کمک کند. شما می‌دانید که او از جزئیات آن دستگاه هیچ نمی‌داند و فقط مانع کار شما می‌شود، عکس‌العمل شما چیست؟ چه می‌گویید؟ آیا نمی‌گویید: عزیزم اگر می‌خواهی کمک کنم به من اعتماد کن، و اجازه بده تا من درستش کنم؟ واگذاری و تسلیم، وسیله‌ای است برای این که ما بتوانیم کمی آرامش بگیریم، تا بهترین راه برای رسیدن به مقصد به رویمان آغوش بگشاید.

شناخت خواص بالقوه ذات الهی

از دید من ذات خداوند دارای خصوصیّات فعّال متعددی است که مهم‌ترین آنها را برای ادامهٔ مطلب برگزیده‌ام:

1) خلاّقیّت
2) رأفَت و مهربانی
3) عشق و مُحبّت
4) زیبایی
5) بَسط، توسعه و فراوانی
6) پذیرندگی

❖ **اولین وجه**، شکل خلاّقیت قدرت ذات الهی است، نیروی خلاّقی که از هیچ همه چیز را آفرید و ما را از هیچ‌جا به اینجا آورد. این نیرو همواره در حال خَلق است، می‌آفریند و پایانی برای آفرینش وجود ندارد.

این نیرو می‌خواهد که ما همیشه زنده بمانیم، زیاد شویم و خَلق کنیم. نیروی خلاّق الهی با وفُور و فراوانی می‌آفریند. تصوّر کنید که ما از یک تُخمک به انسانی با این پیچیدگی تبدیل شده‌ایم و قبل از آن تُخمک هم جزئی از نیروی خلاّق و آفریننده بوده‌ایم.

انرژی این نیروی خلاّق همواره در حال آفریدن زندگی است و همچنین آفریدن مکان مناسب برای زندگی. این انرژی خلاّق جزئی

از شماست که سرچشمه‌اش در آن نیروی حیات‌بخش است که تصمیم گرفت شما را بیافریند.

پدیده‌هایی که هر روز با آنها مُکرّر روبرو می‌شویم، زاد و ولد و گسترش در کلّ موجودات و کلّ کاینات که از فرآیند خلقت پیروی می‌کنند، از ما و به دست ماکه مخلوقاتش هستیم ظهور می‌کند. این همان نیرویی است که در ماست ولی از اوست و ما حقّ استفاده از آن را داریم و در واقع جزئی از ما شده است. این اولین وجه مشترکی است که همهٔ مخلوقات با این حوزهٔ انرژی دارند ـ قدرتی که به ما اعطا شده و ما بدون فکر کردن به آن در حال استفاده از آن هستیم. پس ما نیز چون او خالق هستیم و جزئی از او هستیم. به طور نمونه یک دانه سیب تمام فرآیند رُشد و تکثیر را به صورت یک برنامهٔ از پیش آماده شده در خود دارد و بدون آنکه در مراحل مختلف رشد با کسی برای خصوصیّات ظاهری‌اش، قد، و مزهٔ میوهٔ درختی که می‌خواهد بشود، مشورت کند، به رشد خود ادامه می‌دهد و می‌آفریند و می‌آفریند و هیچ‌گاه از خلقت دست بر نمی‌دارد و حتی برای آن‌گونه خلقت تفکّر نمی‌کند، زیرا این آفرینندگی در ذات آن جای گرفته است و دانهٔ سیب همواره متّصل به آن نیروی خلاّق می‌باشد.

❖ **دومین وجه** این نیروی لایتناهی، مهربانی و عطوفت است. روح حیات‌بخش با مهربانی می‌آفریند و هدف از آفرینش را عشق و مُحبّت قرار داده است. اگر ذره‌ای نامهربانی و دشمنی در

45

نیّت این نیرو می‌بود، خلقت ناممکن می‌نمود. همهٔ موجودات، از یک یاختهٔ تک‌سلولی گرفته تا عظیم‌ترین موجودات در سایه مُحبّت و دوستی خَلق شده‌اند. او با مهربانی خلق کرد تا با عشق به سر منزل مقصود برسد. اگر مهربانی، یکی از ویژگی‌هایی باشد که ما به آن متّصل باشیم، همواره موجبات شادی ما را فراهم می‌آورد. بر اساس تحقیقات دانشمندان، مهربانی، خود عامل تَرشّح هورمونی به نام سِرتونین در مغز می‌شود که احساس آرامش و راحتی به اَرمَغان می‌آورد. بدین خاطر نقش بسیاری از داروهای ضِد اَفسردِگی، تَحریک ترشّح این هورمون در بدن است. تحقیقات نشان می‌دهد که فقط کمی مهربانی موجب تقویت سیستم ایمنی بدن در هر دو طَرف، یعنی هم آن کسی که مهربانی می کند و هم آن کسی که دریافت کنندهٔ مهربانی است می‌شود و باعث تَرشح هورمون سِرتونین در هر دو شخص خواهد شد، که متعاقباً احساسات خوب و آرامش را برای هر دو به اَرمَغان خواهد آورد.

خداوندی که انسان را آفرید، با مهربانی آفرید و مهربانی را برای آرامش انسان در درون او قَرار داد.

زمانی که نامهربان می‌شویم و خشونت را جایگزین مهربانی می کنیم، در واقع سَدّ راه نیروی رَأفَت می‌شویم و از آفرینندهٔ این نیرو فاصله می گیریم. افکار بدخواهانه و شَرارَت، انرژی حوزهٔ مهربانی را از ما دور می کند و در عوض ما را به خودِ کاذب نزدیک‌تر می کند.

برعکس، افکار مهربانانه و پُر از لُطف، بسیار پُر انرژی است و اِتصال را به منشأ پُر قُدرت کائنات محکم‌تر می کند.

❖ **سومین وجه** عشق و دوست داشتن است. ذات خلاّق و آفریننده، همه چیز را با عشق آفریده است ـ با عشقِ بدون دلیل، عشقِ بدون انتظار، و محبتی بی انتها.

این حُوزه، مملو از دوست داشتن است و هیچ گونه قِضاوت و خَشم و تعصّب به آن راه ندارد ـ ذات خلاّقی که با عشق خَلق کرد و به مخلوق خود عشق وَرزید.

اگر بتوانیم عشق واقعی را در این حوزه لَمس کنیم، شاهد گسترش بی‌پایان آن خواهیم بود. این ویژگی تأثیر بسیار زیادی بر احساسات ما در زندگی دارد. به طور مثال، اگر به شغل‌تان عشق نورزید و آن را عاشقانه انجام ندهید، همواره در حال آسیب رساندن به خود هستید و هیچ پیشرفت و گستردگی در کار شما پدید نخواهد آمد؛ هیچ فکرِ خلاّقی در شما ظهور نمی‌کند، و دچار یک فَرسایش و تکرار خسته‌کننده می‌شوید و همین موجب قَطع شدن اتّصال شما با ذات الهی می‌شود. کار شما یک دردسر بزرگ زندگی شما می‌شود که هَمواره از آن گِلِه می‌کنید و همین قَطع ارتباط با منشأ انرژی موجب استرس و به دنبال آن دردهای عضلانی در جسم‌تان می‌شود و در عین حال به نوعی مانع ورود ثروت و برکت به زندگی شما می‌گردد. چنین وضعیتی در درازمُدت به‌تَدریج روح و جِسم شما را

بیمار می‌کند و شرایط نامطلوب نیز کم‌کم به سوی شما فراخوانده می‌شود.

سنت فرانسیس در دُعای خود می‌گوید:
خداوندا کمکم کن آنجایی که درآن نفرت است،
بذر عشق و مُحبّت بپاشم.

دشمنی و نفرت موجب کاهش فرکانسهای انرژی می‌شود و اَعمال انجام شده با وجود نِفرَت که دارای بار منفی و انرژی سطح پایین هستند موجب تحلیل رفتن انرژی و قدرت روحی انسان می‌شوند.

وقتی مدت زمانی طولانی را صَرف اعمال کینه‌توزانه می‌کنیم به نوعی به اطراف‌مان سیگنال‌های منفی می‌فرستیم و این سیگنال‌ها با ارتعاشات خود که بار منفی دارند به دنبال ارتعاشات منفی می‌گردند تا با آنها همسو شوند، و به همین دلیل به شدت آنها را جذب می‌کنند. درست وقتی خشمگین هستیم، مورد خشم واقع می‌شویم، این همان جذب نامطلوب است.

به عکس، وقتی عشق و مُحبّت را در افکار و اعمال‌مان وارد کنیم، سیگنال‌های ارسالی با ارتعاشات بالاتر از خود انرژی ساطع می‌کنند پس در سطح بالاتر می‌توانند با انرژی‌هایی که در سطح بالا هستند برخورد کرده و آنها را به خود جذب کنند. بنابر این عشق و

48

مُحبّت بیشتری را به سوی ما فرا می‌خوانند و به‌تدریج با تکرار و تکرار می‌توانیم به سطح بالا و بالاتر و در واقع به عشق بنیادی‌که ما را آفریده است متّصل گردیم.

در واقع می‌توان گفت، عشق و مُحبّت قُدرتمندترین و ناشناخته‌ترین انرژی دنیاست.

❖ **چهارمین وجه** زیبایی است.

این همه شکوه و جلال، این همه شگفتی که در عالم کائنات هر روز و هر لَحظه با آن روبرو هستیم، نشان از خلقتی زیبا دارند، انسان‌ها با چهره‌های متفاوت، انواع گونه‌ها از حیوانی و گیاهی، و همۀ موجودات کوچک و بزرگ که از ابتدای خلقت بوده‌اند و اینک نیستند، همه و همه به شکلی زیبا و کامل آفریده شده‌اند و همه نشانی از ذات زیبا و زیباپسند دارند.

وقتی به افق از کنار یک دریاچه می‌نگرید، چه چیزی در وجود شما برانگیخته می‌شود؟ وقتی گلهای زیبا با رنگهای متفاوت و شگفت‌آور را می‌بینید چه می‌گویید؟ همۀ اینها ما را به سوی خالقی که هرچه می‌خواهیم بنامیم، راهنمائی می‌کند.

در کتب مذهبی مکتوب است که خداوند می‌فرماید، **انسان را به شکل خویش آفریدیم.** هر انسانی با انسان دیگر متفاوت و بی‌نظیر است، هر کَس دارای یک سری ویژگیهای خاص و استثنائی مخصوص به خود است که به شکل زیبایی جلوه می‌کند. با به یاد

49

آوردن این جمله از انتقاد و ایرادگیری می‌پرهیزیم، چرا که وقتی انسانی را ملاقات می‌کنیم به یاد می‌آوریم که شاید این همان جلوهٔ ذات الهی باشد؛ پس زیباست.

البته منیّت‌های انسانی، توضیح زیبایی را هم تغییر داده است. انسان وقتی با خودِ کاذبِ خود مَشغول است بر اساس کاربردهای مغزی خود که از روی باورها و معیارهای اجتماعی در طول زندگی کسب کرده، زیبایی را قضاوت می‌کند، برای زیبایی حد و مرز می‌گذارد و همواره خود را با این باورها، مرزها، و قید و بندها ارزیابی می‌کند. در واقع آن زیبایی حقیقی و بِکر را که ذات خلاّق الهی آفریده است نمی‌بیند و این است که رشته‌های متّصل کَم‌کَم مُنفصل می‌گردد و از ذات خویش هم فاصله می‌گیرد.

وقتی بر این تفکّر و طَرز فِکر تَمرکُز می‌کنیم هر آن چه را که زیباست نیز زشت می‌پنداریم و به دلیل هماهنگ بودن با ارتعاشات با انرژی پایین، زشتی‌ها و نازیبایی‌ها را که دارای همان ارتعاشات پایین است، به زندگی‌مان جذب می‌کنیم و همواره گِلِه داریم که این همه زشتی در دنیای من برای چیست؟ غافل از آن که خودمان مُسَببِ جذبِ آن بوده‌ایم.

❖ **پنجمین وجه** بَسط، توسعه، فراوانیِ توسعه است.

با تکیه بر این باور که جهان از جوهره‌ای بدونِ شکل و قالب به وجود آمده است، همیشه در حال توسعه و بسط همیشگی می‌باشد،

مانند یک ذرهٔ ریز که در حال مُضاعَف شدن است. برمی‌گردیم به همان تخمک و اسپرم که پس از ترکیب، شروع به بَسط می‌کنند. دو تا، چهار تا و... سر انجام انسانی به صورت تو، به صورت من.

بر اساس نظریهٔ فیزیک‌دانها و ستاره‌شناسان، جهان از بدو آفرینش تاکنون بی‌وقفه در حال توسعه است. اگر با یک تلسکوپ آسمان را در شب ببینید، به نظر می‌رسد که ستارگان در حال دور شدن هستند. این نظریه را فیزیک‌دان معاصر پروفسور استیون هاوکینگ مطرح کرد که جهان در اولین لحظاتِ شکل‌گیری، لحظه‌ای گسترش سریع و تصاعدی داشته است و تاکنون نیز در حال توسعه و فاصله گرفتن از مبدأ شکل‌گیری می‌باشد. این نظریه و دیگر نظریه‌های کیهانی آشکارا به گُسترش مُداوم جهان اشاره دارند.

جهان در حال بزرگ شدن است. گسترش و رشد جهان به روشنی قابل لَمس و دقیقاً همان چیزی است که در جهان فیزیکی می‌بینیم. این نیرو با تمام قُدرت در حال خَلق با عشق و موهِبَت می‌باشد، تنها قید و شَرط این نیروی فعّال این است که همواره با آن همکاری کنیم و به آن اجازه دهیم ماهیّت اصلی و جوهَرهٔ توسعهٔ خود را به‌وسیلهٔ ما نمایان سازد.

وجه فراوانی چیزی است که در هیچ جا نمی‌گنجد و در همه جا حضور دارد مثل هوا، همین هوایی که ما استِشمام می‌کنیم، آیا تا به حال فکر کرده‌اید که اگر کاستی می‌گرفت چه می‌شد؟ اما کاستی

نمی‌گیرد و بی‌دریغ و بی‌انتها در اختیارمان است تا زنده بمانیم و رشد کنیم.

موهبت فراوانی با آن قدرتی همراه است که شما به وسیلهٔ آن خلق شده‌اید و به همین دلیل شما در عیان ساختن آن در زندگی‌تان سَهیم هستید.

باور داشتن به فراوانی، ذهن شما را توسعه می‌دهد و جریان انرژی بالایی را برای جذبِ آن فراهم می‌کند.

شما با در حِصار کردن خویش به‌وسیلهٔ مَحدودیت‌ها، موجب متوقف شدن جریان این انرژی می‌شوید. به طور مثال باورهایی از قَبیل اَموال من، ماشین من، خانهٔ من و تمام چیزهایی که منیّت را یدک می‌کشد و شما را به همان چیزها محدود می‌کند، خود عاملِ محدود کنندهٔ شما و قطع ارتباطِ شما با قدرتِ عظیم خلاّق است.

اگر هوشیاری‌تان را در مورد فراوانی، بی حد و حَصر کنید و خودتان را مَحدود به اَموالی که در دست دارید نسازید و ذهن‌تان را تا ذات الهی بالا ببرید، می‌توانید درک کنید که این وفور نامحدود به شما نیز تعلّق دارد و برکتِ آن هیچ حَد و مَرزی نمی‌شناسد و بی‌پایان است.

باور کنید که شما با این قُدرت بی‌پایان آفریده شده‌اید و این قُدرت همه‌جا هست و این همان چیزی است که اجازه می‌دهد همهٔ موجودات رشد کرده و افزایش یابند. بدانید تا زمانی که به این نیروی حیاتی متّصل هستید، نسبت به پذیرش این وفور هم توانایی خواهید

داشت. توانا خواهید بود تا هر آنچه را که تصوّر می کنید در زندگی‌تان بیافرینید. همچون ذات لایتناهی که همواره در حال آفریدن بی‌دریغ است.

لزومی ندارد دارای درک و بصیرت دانشمندانه‌ای باشید، کافی است که در سُکوت بدانید و با آگاهی از این فَراوانی و بَرکَت پایان‌ناپذیر استفاده کنید و به حیات ابدی خویش ادامه دهید.

وَجه آخری که می‌خواهم در مورد آن کمی بیشتر گفتگو کنیم، وجه پذیرندِگی و قبول کردن است.

❖ وجه پذیرندِگی

به اعتبار این وجه، در کُل کائنات هیچ‌کس و هیچ چیز رَد نمی‌شود. ذات الهی، همهٔ کائنات را با عشق و مُحبّت و با رأفت و مهربانی می‌پذیرد. ذات الهی هیچگاه انرژی و قُدرت خلاّق را از کسی نمی‌گیرد و کسی را رَد نمی‌کند. بدین معناست که کل حیات منتظرند تا برای اقدام و فعّالیت فرا خوانده شوند، فقط کافی است که بخواهیم و بشناسیم و تشخیص دهیم تا بتوانیم دریافت کنیم.

اگر تصوّرتان بر این است که جهان با شانس و اتفاق به وجود آمده است در این صورت ذهن خلاّقیت کائنات برایتان چیزی جز آمیخته‌ای از نیروهای عادی از نظم و قُدرت به نظر نخواهد آمد و هر آنچه که در جهانِ شما روی می‌دهد اتفاقی و اجتناب‌ناپذیر است

که شما را نیز فرا می‌گیرد. وقتی نشناسیم و نخواهیم، نمی‌توانیم تصوّرِ ارتباط و دستیابی به آن قُدرت عظیم را داشته باشیم. فقط با پذیرندگی است که می‌توان به آن انرژی دست یافت، همان انرژی که اطراف ماست، درون ماست. باید در درون‌مان بصیرتی مساوی و برابر از لحاظ نزدیکی با ذهن کائنات به وجود آید تا بتوانیم از این وجه تماماً استفاده نماییم.

برای کسب راهنمایی، برای به ظُهور رسیدن نیّات انسانی‌تان آماده باشید و پذیرا !

کار ما این نیست که بگوییم و بپرسیم چگونه؟ کار ما این است که بگوییم بله، بله من خواهانم و مُنتظر، من پذیرنده هستم و می‌دانم قُدرت ذات الهی در همه جا و همه کس وجود دارد.

این یک قُدرت جهانی است و هیچ کس مُنکرِ آن نیست!

وجهِ پذیرا بودن با جریان یافتنِ آنچه نیاز دارم از جانب ذات الهی به سوی من لبخند می‌زند و نسبت به اتّصالم به او، برای هم‌آفرینی زندگی‌ام تلاش می‌کنم.

می‌توانید با قبول کردن و پذیرنده بودن، با قُدرت الهی که نیروی خلاّق جهان است هماهنگ شوید. این نیرو به طور شگفت‌انگیزی کار می‌کند. وقتی اتصال شما برقرار شد آنچه را که نیاز دارید به موقع به زندگی شما وارد می‌کند. اگر مشتاق دیدار کسی یا شنیدن از کسی هستید، بزودی او را خواهید دید یا از او خواهید شنید، جسم‌تان شفا می‌یابد، پول و ثروت و فراوانی وارد زندگی‌تان می‌شود

و در کل هر آنچه را که آرزو می‌کنید قبل از بازگو کردن پیش روی خود خواهید دید. البته برای دست یافتن به این قُدرت الهی شما باید خود را آماده کنید و با دور شدن از خودِ کاذب به انرژی‌که از آن خلق شده‌اید متّصل شوید.

پس در مجموع وجوه خداوندی را مرور کردیم.

خلاّقیت، عشق، فراوانی، زیبایی و پذیرندگی نسبت به همه چیز و همه کس ـ با اتّصال به این حوزه‌های پُر انرژی می‌توانید بَخشی از وجود خداوند شوید.

چند توصیه برای به کار بستن ایده‌های این فصل

1) قُدرت خلاّق و آفرینندگی را تصوّر کنید.

2) مانند آینه منعکس کننده باشید. بِدون داوری و قِضاوت، آنچه را که به زندگی‌تان وارد می‌شود موقتی بدانید و به آن وابسته نشوید.

3) به خودتان احترام بگذارید و از خودتان ایراد نگیرید، درست همان‌طورکه ذات الهی شما را به هر شکلی و هر صورتی که هستید، می‌پذیرد، خود را بپذیرید.

4) به زیبایی ها توجّه کنید و منتظر زیبایی‌ها باشید.

5) برای قدرشناسی از موهبت‌های زندگی‌تان به مُراقبه (مِدیتیشن) و عبادت بپردازید. زیرا فقط با قدردانی است که

55

موجی از آگاهی عمیقِ درونی و عَزم و اراده در وجودتان به جنبش در می‌آید.

6) شک و تردید را که مانند خوره روح را می‌ساید از خود دور کنید. شک کردن به افکار و گفتارِ دیگران، شانس آگاهی را از شما می‌گیرد. به گفتهٔ شکسپیر:

تردیدهای ما خائنینی هستند که با ترساندن ما از اقدام به عمل، غالباً موجب می‌شوند تمام نیکویی‌هایی که ممکن است به دست بیاوریم را از دست بدهیم.

فصل چهارم

اتصال

اتصال و برقراری ارتباط

راه برقراری ارتباط با خِرد بَرتر و دسترسی به قُدرت این منشأ خلاّق، توجّه و اَندیشهٔ مُداوم است.

تصوّر شما نسبت به خودتان به گونه‌ای است که گویی به وسیلهٔ تمامی شرایطی که آرزوی به وجود آوردنش را دارید، اِحاطه و مَحصور شده‌اید.

(دکتر وین

هر آنچه را که قَصد دارید به زندگی‌تان جَذب کنید و آن را در واقع خلق کنید، نشان دهنده همان کیفیت حیات بخشی است که همه چیز را موجودیّت بخشیده است.

به طور مثال، برای فَهم و خَلق یک اثر هنری، باید تحرّکات و جنبش‌های ذهنِ خلاّقِ هُنرمَند را بشناسیم. هُنرمَند از هیچ، چیزی را خَلق می‌کند و این خلق کردن بدون احساسات و اَفکار، غیرممکن است.

این دقیقاً مثالی از ذهن خَلاق الهی است که از هیچ، شما را خَلق کرد، مانند **یک اثر بی مانند و منحصر به فرد.**

حِسِ اولیه برای خلقِ شما از قوه به فعل درآمده است و این حِسِ در واقع به وسیلهٔ شما عَیان شده است.

آنچه را که فکر می‌کنید، عملکرد چگونگی تفکّر شماست، و انتظار چیزی را داشتن و بالاخره چگونگیِ تنظیم و شکل‌گیری آن، گفتگوی درونی شماست.

اگر می‌توانستیم به احساسات ذاتِ الهی و نیّات‌تان اتصال پیدا کنیم، این را کاملاً حس می‌کردیم که تماماً در حال رشد و افزونی، و به خود متّکی است. زیرا این قُدرت همیشه از خَطا مَصون است و هیچ‌گاه هدفش را فراموش نمی‌کند.

این ایده را تصور کنید و در ذهن خویش بپرورانید که با اِنتظار مُداوِم و مُستَمَر از قوانین پویای معنوی این قُدرت مُنَزّه از خطا، که جزئی از زندگی ماست، از طریق قوهٔ تَخیل، خود را به ارتعاشات انرژی آن که همه جا است متّصل کنید و همسو با آن انرژی خود را تقویت کنید.

یکی از راهکارها برای اینکه بتوان به تصوّرات و افکار خود توجّه بیشتری کرد، قانون شناور بودن است.

این عَملکرد (شناوری) زمانی کشف شد که انسان می‌دید اَجسام سنگین در آب فرو می‌روند ولی اجسام سبک مثل چوب بر روی آب باقی و شناور می‌مانند. انسان با تَحقیق و تَلاش به این نکته دست یافت که اگر جرِم یک جسم از جرِم مایعی که در آن است کمتر باشد،

می‌تواند بر روی آن شناور شود و بر اساس این قانون انسان توانست

آهن را که جرمی سنگین‌تر از آب دارد بر روی آب نگاه دارد. این قانون انسان را به سوی اِختراعات فَراوانی راهنمایی کرد.

بله، برای دستیابی به غیر قابل دسترسی‌ها، باید در اَفکار شِناور ماند تا بتوان به دَورن آنچه غیر قابل تصوّر است شیرجه زَد.

برادران رایت اگر به ماندن روی زمین قانع بودند، هَرگز پرواز را تجربه نمی‌کردند. در واقع قانونِ به ظُهور رساندن اَفکار بلند، همان قانون شناور بودن است که با تَمَرکُز بر عَملکرد مثبت آن، صد درصد برای شما عَمل خواهد کرد.

برای رسیدن به هدفهایی که برای خویش در زندگی تعیین کرده‌اید باید در حُوزهٔ انرژی، به صورت روحی و معنویِ در خِرد الهی شناور شوید. حال این سؤال پیش می‌آید که چگونه به این حُوزه وارد شویم؟

با صبر و انتظار مُستَمَر است که می‌توان در این راه قدم نهاد ـ راهی که خالی از خطاست. باید اجازه دهیم که این پاکی در زندگی‌مان راه یابد و همه چیز را در بر بگیرد. باید جزئی از وجودمان شود. باید برای گسترش پاکی در زندگی‌مان، این باور را که پاکی در وجود ما مُستَقَر شده است را در خود بپرورانیم.

با پرورش این باور، به انرژی با ارتعاش بالا دست می‌یابیم. در واقع همان انرژی که به ما زندگی داد و می‌خواهد ما زندگی کنیم، شاد باشیم، سلامت باشیم و در وفور و فراوانی شناور شویم و در عمل عشق و مُحبّت خالص را به ما اَرزانی می‌دارد، همواره یادآور

این است که **هستیم** ولی خویش را از یاد برده‌ایم، نادیده گرفته‌ایم که ما عشق و مُحبّت هستیم، ما خود فراوانی هستیم. فقط کافی است به آن اعتماد کنیم و با صبر و تحمّل و انتظار مُستَمَر به آن دست یابیم.

باید کارتان این باشد که به انرژی‌های حَیات‌بَخش همچون عشق، زیبایی، مُحبّت، فراوانی، تندرستی و پذیرندگی تَمرکز کنید. هر عملی از شما که به این منشأ متّصل باشد، قُدرت شما را در این حُوزه به نمایش می گذارد.

شما یک موجود با اراده و مُستَقل آفریده شده‌اید و این در تمام ادیان الهی یادآوری شده است و هیچ کس نمی‌تواند آزادی و استقلال شما را بگیرد. انسان در طول حیات خود مُدام در حال انتخاب است و همین انتخاب‌ها است که زندگی او را شکل می‌دهد، و به عبارتی خود انسان است که تَقدیرِ خویش را رقم می‌زند. اگر همین انسان برای انتخاب خویش از قُوهٔ تَخیُل و اراده خود کمک بگیرد می‌تواند آرزوهایش را به اَهداف زندگی خویش تبدیل کند.

طِبق قانون جاذبه که شامل تمام ذرات موجود در کاینات می‌شود،

می‌توان با انرژی که از افکار ما به بیرون منتشر می‌شود، آنچه را که آرزو می کنیم به سوی خویش جذب کنیم. باید با قُدرت فکر کنیم و با قُدرت بخواهیم تا آن را به سوی خود بکشانیم. دقیقاً مثل کشیدن یک بار سنگین که نیاز به قُدرت بیشتری دارد، آرزوهای کوچک نیاز

به نیروی کشش کمتری دارند و آرزوهای بزرگ نیروی بیشتری طلب می‌کنند.

درست وقتی که کاری را انجام می‌دهید که قوّهٔ تَخیّل شما نمی‌خواهد آن را انجام دهد و شما آن را انجام می‌دهید، در واقع اِراده و تَمایُلات خود را به خدمت مَنیّتِ خویش گرفته‌اید و ارادهٔ شما به خَدمت **من** بودن شما درآمده است. منیّت همواره می‌خواهد بگوید: من هَستم، من می‌توانم و من جِداً از قُدرتی لایتناهی برخوردار هَستم و به شما یادآوری می‌کند که دستاوردِ همان ثروت و شهرتی هستید که دیگران می‌شناسند و نیاز به تَمجید و تَعریف و قَدردانی از طرف دیگران دارید تا بتوانید شاد و جذاب باشد. این منیّت و خودخواهی، هَمواره به دنبال مَدرکی است برای مُهم پنداشتن و بَرتَر بودن، و شما را به سویی می‌کشاند که سلطه و برتری خود را ثابت کنید ـ همچنان که یک عمر را با این شیوه سپری کرده‌اید بدون اینکه بدانید از خودتان چه می‌خواهید.

البته در راستای برتر بودن، شما تلاشِ بی‌اندازه‌ای کرده‌اید و آن مقدار انرژی که در این راستا صرف نموده‌اید به قیمت تَحلیل رفتن بیش از اندازهٔ جسم‌تان تمام شده است و به مُرور شاهد مُشکلات جسمی یکی پس از دیگری خواهید بود، زیرا سپری کردن زندگی در سطوح پایین انرژی تولید اِسترس و تَرس و نگرانی می‌کند و هَمین واکنشهای روحی جسم را آرام آرام به زوال می‌کشاند.

حالا می‌خواهیم مُروری بر اَفکار و تصوّرات منیّت داشته باشیم. به طور مثال، شما می‌خواهید کاری را انجام دهید، درست زمانی که تصوّرات‌تان می‌گوید نه، به ضرر من است، نمی‌شود، خطرناک است. چنانچه ارادۀ شما متکی به نفس و منیّت باشد همواره شما را از اقدام باز می‌دارد و چه بَسا آن کار نتیجۀ مثبتی هم در پی نداشته باشد. اما اگر تصوّر کنید که در آغوش اَمنِ الهی محافظت شده‌اید و قادرید چیزی فَراتر از جسمتان باشید، تصوّر درونی شما به شما اجازه می‌دهد که چه چیزی را بخواهید و طَلَب کنید و همچنین به شما نیروی لازم برای انجام و جذب آن را می‌دهد.

به طور کلی در تمام موارد چون ثروتمندی، سلامتی، خلاّقیت، تصوّر شما از خودتان، قُدرت عظیمی برمی‌انگیزد که ارادۀ شما را برای رسیدن و دست یافتن قوی می‌کند.

اتصال

چقدر خود را می شناسیم؟

چقدر به خود اعتماد داریم؟

برای اتصال به روح و ذاتِ الهی باید از خود آغاز کنیم، از آنچه که در درون ما می‌گذرد. باید آَنچه را به عنوان شالودهٔ وجودی و شخصیتی برای خویش قائل هستیم مورد بررسی و کَنکاش قرار دهیم. باید باورها و اعتقادات نسبت به خویش را بازنگری کرده، با منِ امروز ارزیابی کنیم.

اولین گام برای خودشناسی، باورهای شماست.

وقتی به آینه می‌نگرید چه می‌بینید؟ در اولین نگاه به دنبال زیبایی‌های خویش هستید یا فقط نقایص، نظر شما را به خود جلب می‌کند؟

ما اغلب عادت کرده‌ایم روی نقایص خویش مُتمرکز باشیم، زیرا به ما از بیرون یادآوری شده‌اند و ناخواسته یاد گرفته‌ایم که به آنها توجّه بیشتری کنیم و برای نابود کردن و پوشاندن آنها بکوشیم. طیف گُسترده‌ای از جراحی‌های زیبایی در جهان به ما یادآوری می‌کند که به دنبال کشف نَقایص‌مان باشیم و حتی در صورت پیدا نکردن آنها از اطرافیان‌مان کمك بگیریم. اگر این همه تلاش و انرژی را برای کشف نبوغ‌مان می‌کردیم چه بَسا خوشحال‌تر و امیدوارتر می‌بودیم.

تمرکز بر نقایص یکی از باورهای غلط است که از محیط اطراف‌مان از بَدو توّلد در ضَمیر ناخودآگاه ما جا خوش کرده است، این مُحیط از خانواده گرفته تا مدرسه و جامعه را شامل می‌شود.

تا زمانی که این باور در ما باقی باشد، نَقایص و کاستی‌ها را بزرگ و خطرناك می‌بینیم، و در هر دوره از زندگی، خود را با استانداردهای محیط اطراف‌مان می‌سنجیم.

این باور ما را چنان به سوی تغییرات سوق می‌دهد که حتی حاضر هستیم بدنمان را زیر جراحی‌های بسیار خطرناك قرار دهیم. البته این پایان کار نیست زیرا در آن صورت هم فقط بدن ما تغییر کرده ولی باور همچنان سر جایش نشسته و به دنبال نقص بعدی می گردد.

در طول ۲۳ سالی که من با زیبایی سر و کار دارم بسیار افرادی را ملاقات کرده‌ام که از خودشان راضی نمی‌شوند و همواره به دنبال برطرف کردن نواقص هستند، و پس از هر بار تغییر و جراحی نَقصی دیگر را کشف می‌کنند و از مو به پوست و از صورت به هیکل در حال سفر هستند ـ یك سفر بی‌پایان.

به اعتقاد من قبل از هرگونه عمل جراحی بهتر است که فرد با روان‌پزشك مشورت کند و دلایل خود برای چنین تغییری به کمك او بررسی نماید و کمك فکری بعد عمل را هم دریافت کند، زیرا ۷۰ درصد این قبیل جراحی‌ها برخاسته از بُعد روانیِ فرد است.

از طرف دیگر، تغییر در این باور کار ساده‌ای نیست و نیاز به تَمرکز و تَمرین دارد.

باید از همان محیط اَطراف شروع کرد، صِرفِ اینکه دیگران عیبی را در ظاهر شما می‌بینند و به زیبایی‌هایتان توجّه ندارند، نباید باعث شود که خود شما هم زیبایی‌های خود را نادیده بگیرید.

برای اتصال به حوزهٔ انرژیی که با زیبایی همسو است، باید چشم زیبابین خویش را بگشایید و با دقّت به دنبال زیبایی‌ها بگردید. گاهی در عُمق یك نازیبا، نقطه‌ای زیبا سوسو می‌زند. هنر زیبا دیدن آن است که به آن نقطه توجّه و تَمرکُز بیشتری داشته باشیم و تَمرکُز در آن نقطه باعث تولید انرژی و جذب آن می‌شود.

با ندیدن زیبایی‌ها نیرویی در ما به وجود می‌آید که هَمواره در حال طَرد کردن ما است و ما را از خودِ درونی‌مان دور می‌کند و به ما اجازهٔ عشق ورزیدن به خویش را نمی‌دهد. وقتی خود را از عشق‌ورزی باز داریم، از عشق و دوست داشتن خالی می شویم، و کمبود و خلا درون، ما را به سوی عشق و مُحبّت‌های کاذب و کوتاه‌مدت سوق می‌دهد.

از آنجایی که فِطرت و ذات الهیِ ما با عشق آفریده شده است، هَمواره می‌خواهد با عشق و مُحبّت پیش رود. وقتی که ما به هر دلیلی از آن تهی می‌شویم، درون ما این خَلا را نمی‌پذیرد و برای پُر کردن آن به هر منبع آلوده‌ای روی می‌آورد و طبعاً این آلودگی روح ما را خسته و مریض می‌کند.

با بیمار شدن روح، خود را حقیر و ناچیز می‌بینیم و تَلاش برای جِلوه کردن در ما شروع می شود. با تلاش زیاد فقط انرژی ما تحلیل می‌رود و ضعیف و ضعیف‌تر می‌شویم و با ضعیف نشان دادن خویش سعی در جلب عشق و چه بسا ترحّم دیگران می‌نماییم.

طی کردن این مسیر، جز اینکه ما را خَسته و سَرخورده کند، چیزی به ما نمی‌دهد. برای همین است که هرگز راضی نیستیم و به دنبال چیزی می‌گردیم که پشت آن راضی به نظر بیاییم.

تَحقیقات نشان می‌دهد، روابطی که بر اساس پُر کردن خَلاهای درونی باشد هَمواره به بن‌بست خَتم می‌شود. شریک زندگی ما، ما را درک نمی‌کند (البته این چیزی است که ما برداشت می‌کنیم) فرزندان ما از ما توقّعات خاصی دارند و ما فقط در حال تلاش برای باز کردن گره‌های کورِ روابط هستیم بدون آنکه نتیجه‌ای دربر داشته باشد، نه برای ما و نه برای دیگران.

چه باید کرد؟

راه حل در عین سادگی، کمی دشوار است. ساده است چون شما به فرد دیگری برای حل مشکل خود نیاز ندارید و سخت است چون هِمّت و ارادهٔ بسیار قوی می‌طلبد.

اگر به مرحله‌ای از زندگی رسیده‌اید که فکر می‌کنید روی یك نقطه ثابت مانده‌اید و به عبارت دیگر در حال درجا زدن هستید، از رابطه‌تان راضی نیستید و یا فردی که شما را درك کند و عاشق شما باشد هنوز از راه نرسیده است، با فرزندان‌تان و اقوام و همکاران‌تان مشکل دارید و در مَجموع از خودتان دلخور و ناراضی هستید، وقتِ آن رسیده است که از اِراده‌تان یاری بگیرید و به آن اعتماد کنید تا بتوانید این مشکلات را برای هَمیشه از زندگی‌تان فراری دهید.

اولین گام

سال‌هاست که پزشکان در خصوص خَطرات مرتبط با اِضافه‌وزن و چاقی هشدار می‌دهند. اضافه‌وزن و چاقی مُفرط، فرد را در مَعرض بیماری‌هایی قلبی و عروقی، مرض قند، سِکته و... قرار می‌دهد. اما شمارِ فزاینده‌ای از تحقیقات جدید می‌گویند: این که فرد نسبت به بدنش چطور فکر می‌کند می‌تواند به اندازۀ میزان وزن در سلامتی او مُهم باشد.

به گزارش کوارتز، عدم رضایت از وَزن یا آنچه تصویر منفی ما از بدن‌مان خوانده می‌شود، در چند دَهه گُذشته و با همه‌گیر شدن تبلیغات در انواع و اقسام رسانه‌ها، از چاپی گرفته تا تلویزیونی و اینترنتی، به شدت افزایش یافته است.

محققان می‌گویند که این عدم رضایت از بدن می‌تواند خطر بیماری‌هایی چون فشار خون بالا، افزایش قند خون و بیماری‌های دستگاه گوارش، و بالا رفتن شاخص تودۀ بدنی (IMB) را افزایش دهد. اِعتماد به نفسِ پایین که نشأت گرفته از این تصویر منفی از بدن است، باعث «افت کیفیت زندگی» می‌شود. دکتر کریستین بلیک، استاد دانشگاه کارولینای جنوبی و متخصص حوزۀ سلامت عمومی با بیان این مَطلب می‌گوید حتی اگر در دوره‌های کوتاهی از

زندگی، فرد از تصویر بدنش رضایت نداشته باشد، میزان ریسک‌پذیری‌اش در ابتلا به دیابتِ نوع دو، بیشتر می‌شود.

با آنکه می‌شود به عنوان توضیحی برای این پدیده گفت که افرادی که اضافه وزن دارند همان کسانی هستند که از تصویر بدنشان رضایت ندارند و بنابر این تَعجُبی ندارد که در مَعرض بیماری‌های بیشتری باشند، اما دکتر بلیک این نظریه را رد می‌کند. او با اشاره به تحقیقی که در سال ۲۰۱۳ بین گروه‌هایی از زنان با IMB یکسان انجام شده می‌گوید که در بین زنانی که شاخص تودهٔ بدنی سالمی هم داشتند، آنها که تصویر مَنفی از بَدنشان داشتند بیشتر در مَعرض ابتلا به فشار خون بالا و همینطور میزان بالای گلوکز خون بودند.

به گزارش ساینس آلرت، توجیه دیگر هم می‌تواند این باشد که افرادی که نسبت به بدنشان حِس خوبی دارند، از آن بهتر مُحافظت می‌کنند. دکتر دیانا نیومارک سترین، استاد دانشگاه مینه‌سوتا در تحقیقی در بین دختران نوجوان دریافت که آنها که از وزنشان ناراضی هستند کمتر ورزش می‌کنند و بیشتر به بیماری‌های مربوط به اِختلال خوردن دچار هستند.

تحقیق دیگری نشان می‌دهد که ورزش کردن، حتی اگر اصلاً در میزان وزن تاثیری نداشته باشد، باز هم به افراد حِس بهتری نسبت به بدنشان می‌دهد.

به گفتهٔ دکتر بلیک، با آنکه تصوّر می‌شود نارضایتی از میزان وزن باید باعث شود که افراد به ورزش کردن و سالم‌تر غذا خوردن روی بیاورند، اما در واقع آنچه اتفاق می‌افتد کاملاً عکس این امر است. «عدم رضایت از تصویر بدن باعث می‌شود که افراد رفتار ناسالم‌تری در پیش بگیرند. آنها کمتر ممکن است به برنامه‌هایی در خصوص کنترل وزن، یا ورزش کردن پاسخ مثبت نشان دهند. و به سادگی می‌گویند: ولش کن!»

رابطه بین وزن و سلامت، و تأثیر روانیِ این دو بر یکدیگر بسیار پیچیده است. اما مُحقّقان باور دارند که با شَرمگین کردن انسان‌هایی که از اضافه وزن رَنج می‌برند، حرکت مُثبتی صورت نخواهد گرفت بلکه رشد تصویر منفی باعث بالاتر رفتن خطراتی می‌شود که سَلامت آنها را هَدَف گرفته است. به گفتهٔ دکتر بلیک، راه بهتر این است که دکترها به یاد داشته باشند که تأکید بر وزن، میزان اِسترس افراد و در نتیجه اضافه وزن آنها را افزایش می‌دهد. تأکید باید بر عوض کردن راه و روش زندگی و سالم‌تر بودن باشد نه کم کردن وزن.

هدف این است که فرد بتواند خود را دوست داشته باشد. وسیلهٔ لازم برای این کار یك آینه است. آینه وسیله‌ای است که شما را بدون کم و کاست به شما نشان می‌دهد ـ با صداقت و بدون کینه‌ورزی.

قبل از هر چیز باید شاکر باشید که چیزی به نام آینه وجود دارد. ممکن است خنده‌تان بگیرد ولی وقتی نتیجهٔ کار را در زندگی‌تان مشاهده کردید متوجه خواهید شد که چرا باید شاکر باشید.

توصیه می‌کنم یك آینهٔ قدی را برای این تمرین انتخاب کنید و قبل از شروع به خودتان یادآور شوید گوهَری که در سکوت یار و هَمدم شما خواهد بود هَمین است.

شما نیاز به یك بَرنامه مُنظم هر صُبح و شَب دارید. هر صُبح قَبل از اینکه زندگی روزمره را شروع کنید مقابل آینه بایستید و تمام اَفکار و حَواستان را روی خودتان مُتمرکز نمایید. حدود ۱۰ تا ۱۵ دقیقه به خود نگاه کنید بدون اینکه خویشتن را ارزیابی کنید. از انگشتان پا شروع کنید. با دِقّت تمام نگاه کنید و آرام آرام بیاید بالا تا به تارهای مویتان برسید! فقط تمرکز بدون تفکر!

سعی کنید خود را با تمام جزئیات به خاطر بسپارید!

این برنامه را شب قبل از خواب هم تکرار کنید!

تا یك هفته روزی دو بار خود را در سکوت نگاه کنید حتی اگر این کار مَسخَره و یا سخت به نظر برسد. فقط اجازه دهید یك تصویر حقیقی از خویش در حافظه‌تان ثبت شود. این اولین گام است.

دومین گام

در هفتهٔ دوم همزمان با نگاه کردن به جزئیات بَدنِتان هر جزء را قبول کنید و مورد لُطف قرار دهید البته با صدای بلند که بتوانید بِشنوید. سکوت در این هفته شکسته می‌شود و انرژی پُر قُدرت کلام در تأیید جملاتی که ادا می‌کنید به کمك‌تان می‌آید. انرژی موجود در

کلام شما همان قُدرتی را دارد که نخستین کلمه برای آفرینش هَستی داشت، این انرژی هرچه با مُحبت و عِشق بیشتری توأم باشد سازنده‌تر و قَوی‌تر خواهد بود و بیشتر به جذب آنچه که می گویید، کمک می کند. آن قسمت از بدنتان را که دارای نقص است ـ البته نَقص از نظر خودتان، مثلاً کَج، دراز، چاق، لاغر و یا زشت به نظر می‌رسد ـ مورد لُطف قرار دهید و دوست بدارید! اگر این کار برایتان سَخت است، به این فکر کنید که خالق شما با عشق و مُحبت کامل آن را آفریده است و برای احترام به خِلقت، آن را دوست بدارید!

این را باور کنید و بپذیرید که بدن شما با این ترکیب یك هدیه از طرف خداوند است که قرار است برای مدتی در اختیار روح الهی شما قرار بگیرد. از دیدگاه روحتان آن را بپذیرید!

با جملاتی چون:

پاهایم را دوست دارم و به آن عِشق می‌ورزم چون هَمواره مرا بدون کمك دیگران ایستاده نگه می‌دارد، و مَرا به هر جایی که اِراده کنم می‌برد.

چشم‌هایم را دوست می‌دارم چون هر آنچه را که بخواهم تمام و کمال می‌بینم و از زیبایی‌های پیرامونم لذّت می‌برم.

بینی‌ام را دوست دارم چون مرا به اُکسیژن و هوا متصّل می کند و اساسی‌ترین نیازِ زنده بودنِ مرا تأمین می‌کند.

و الی آخر......

در واقع به این ترتیب بهترین دلایلِ بودن آن عضو را برای دوست داشتن یادآور می‌شویم.

شروع کار با آینه، شما را به ضَمیر ناخودآگاه‌تان مُتصل می‌کند. جایی که مَملو از کاستی‌ها و تأکیدهای مَنفی است که در طول زندگی انباشته‌اید. انرژی‌های منفی ذخیره شده در آنجا هَمواره به شما فشار خواهد آورد و ممکن است شما را از ادامهٔ کار مُنصرف کند ولی به خاطر داشته باشید، این خود شما هستید که می‌خواهید تغییر کنید و این ارادهٔ شماست که شما را به اِدامهٔ کار تشویق می‌کند. همواره باید به خودتان یادآور شوید که تا زیبایی‌ها را نبینید، نمی‌توانید با آنها هَمگام شَوید و نمی‌توانید زیبا باشید و زیبا جِلوه کنید.

تمرین با آینه را من هَمواره در اولین قَدم برای تَحوّل به مراجعانم پیشنهاد می‌کنم و ادامهٔ تَمرین را تا ظاهر شدن تغییرات در آنها ادامه می‌دهم.

خانمی که از یك رابطه، بسیار غَمگین و اَفسرده بود به من مراجعه کرد.

در طول ساعتی که با هم صُحبت می‌کردیم گریه می‌کرد و مدام می‌گفت من خیلی مهربانم و همهٔ وقت و پول و توانایی‌ام را در این رابطه خَرج کردم ولی دست آخر با خیانت ترك شدم، و سعی بر این

داشت که مرا متقاعد کند آن طَرَف رابطه درکش نکرده و نامهربان بوده است و غیره.

بعد از اینکه کمی آرام شد از او سؤال کردم چقدر به خودت در این رابطه خدمت کردی؟ چقدر خودت را دوست داشتی؟ با سکوت مرا نگاه کرد و گفت: من هَمیشه به دیگران مُحبت می‌کنم و احترام می‌گذارم و... من سؤالم را دوباره تکرار کردم ولی پاسخی نیامد.

مُشکل این خانم عَدم باور خویش بود. کسی که خودش را باور ندارد به خود مُحبَت نمی‌کند و به عبارتی اَرزشی برای خود قایل نیست. خوب چنین کسی چگونه می‌تواند مُنتَظرِ اِحترام و تأیید دیگران باشد؟ وقتی خودمان چیزی باارزش در خود نمی‌بینیم چرا توقع داریم دیگران آن را ببینند؟

تمرین با آینه برای یك ماه به او کمك کرد تا ناشناخته‌های خویش را پیدا کند و اِعتماد به نَفسِ خود را بالا ببرد. این گام کمك بزرگی به او کرد تا قَدم در یك تحوّل جِدی بگذارد.

بعد از دو ماه آن شخصیت لرزان و گِریان تبدیل به انسانی شاد و پُر هدف شد که راه زندگی‌اش را یافته بود.

سومین گام

نگاه کردن به چشمان‌تان است.

شما می توانید در بَستر قبل از خواب این تمرین را انجام دهید.

به چشمانتان، به فاصلۀ میان دو ابرویتان نگاه کنید و سعی کنید توجّه و اَفکارتان را به این مرکز جلب نمایید. با کمی تَمرین آرام آرام به عُمق وجود خویش وارد می‌شوید.

درون نگاهتان کودك دَرونتان را خواهید دید با تمام ترس‌هایش و خوبی‌هایش و شیطنت‌هایش. شما او را به خوبی می‌شناسید. با تمرین بیشتر شما با او ارتباط برقرار می‌کنید و قادر به کشف حَقایقِ این دوران خواهید شد.

هنگام تَمرین اگر چیزی از گذشته به یادتان آمد تمرین را مُتوقف کرده چشمانتان را ببندید و به آن زمان سفر کنید.

اگر خاطرۀ شما یادآور ترس، اِضطراب و یا کینه است، ابتدا آن فردی که این خاطره را برای شما آفریده است را ببخشید و سپس آن حِس را آزاد و رها کنید! زیرا شما دیگر به داشتن آن حِس نیازی ندارید!

این تمرین را ادامه دهید، تا بَخشیدن و آزاد کردن همۀ انسان‌هایی که در زندگی شما، با رفتارهای بَدشان باعثِ به وجود آمدن احساس‌های ناهنجار در شما شده‌اند.

چهارمین گام

کلام به کمک شما می‌آید.

کلماتی که باید پُرقدرت و مطمئن اَدا شَوند تا به درونی‌ترین نقطهٔ وجود شما راه یابند.

کلمهٔ دوستت دارم مقابل آینه!

شاید گفتن این کَلمه به خودمان به نظر مَسخَره و خنده‌آور باشد و گاهی اوقات هم اشکِ ما را درآورد. اینها همه نشانه‌های خوبی است زیرا شما به خودتان بازگشت می‌کنید مانند فَرزندی که سال‌ها از پدر و مادرش دور مانده باشد، حِس بازگشت در درون شما روشن می‌شود.

گفتن کلمهٔ «دوستت دارم» به شما قُدرت و انرژی می‌دهد و در باورهای شما انقلابی ایجاد می‌کند و شما را با کسی آشنا می‌کند که سال‌های سال او را نادیده گرفته‌اید؛ و این دیدار راهی برای ارتباط و هماهنگی با ذاتِ الهی است.

وقتی شما با روح الهی که جسم شما را در این زندگی دربرگرفته است ارتباط برقرار می‌کنید، در واقع به او می‌گویید حالا نوبتِ تو است پس شروع کن!

با تمرین‌های مُکَرَر و مُمتَدِ این گام، باورِ دوست داشتن و دوست داشته شدن در شما تقویت می‌شود و گسترش می‌یابد و کَم‌کَم پرتوهایش را از شما به بیرون می‌تاباند.

نشانهٔ آن، گرمیِ وجودتان است که کاملاً آن را حِس می‌کنید و همچنین باز شدن شعاع دیدتان به اطراف خواهد بود.

درمی‌یابید که دیگران را هم به خاطر خودشان دوست دارید. حِس انتقام، دُشمنی، خودبینی و حِسادت در شما بی‌رنگ می‌شود و اِحساس عَجیبی را تَجربه خواهید کرد.

این همان اتصال به مبدأ است، مَبدأ عِشق و مُحبت که بی‌دلیل دوست دارد و بی‌محابا عشق می‌ورزد.

حِس شادی و سرخوشی دُرست مانند عاشق شدن در شما بیدار می‌شود. در واقع نخستین گام را برداشته‌اید. جالب اینجاست که انسان‌های اطراف شما این را خیلی زود متوجّه می‌شوند. آنها این تغییرات روحی شما را زودتر از شما می‌بینند و این تغییرات باعث تغییر در رفتار آنها با شما خواهد شد. در واقع شما نیازی به تغییر دادن دیگران ندارید، اگر خودتان را تغییر دهید، رفتار دیگران با شما تغییر می‌کند. زیرا آنها که می‌خواهند کنارتان بمانند باید عوض شوند و آنهایی که نمی‌مانند شما دیگر به وجودشان نیازی ندارید. این قانون جذب است!

کل جهان به قلمروی متصل است که یك خِرد در آن جاری است، اگر تغییری در یك جزء پدید آید بر دیگر اجزا اَثر می‌گذارد. پذیرش این که کوچك‌ترین تغییر در یك انسان بر کُل کائنات اثرگذار است باور بس عظیمی است.

من همواره بر این باور هستم که هیچگاه نمی‌توانم کسی را تغییر دهم ولی می‌توانم با تغییر خویش، به صورت معجزه‌آسا باعث تغییر دیگران شوم. البته این تأثیرگذاری به شکل منفی آن هم صِدق می‌کند و من دوست ندارم اَفکار خواننده را با فرکانس‌های منفی مشغول کنم.

مثالی می‌آورم:

کسی یا چیزی نامطلوب در زندگی ما هست که همواره به این فکر می‌کنیم که چگونه ممکن است آن فرد و یا آن چیز عوض شود؟ به جای تلاش برای تغییر در آن، تلاش می‌کنم در اَفکارم و در رفتارم آنچه مطلوب است را بیابم و به آن عمل کنم و هَمزمان در ذهنم تَصویری از ایده‌آلم را تصوّر نمایم. با این رَوش در واقع، من مشغول ارسال سیگنال‌هایی به جهان هستی می‌شوم. با ارسال سیگنالِ نیاز، راه‌های جذب شروع به ساخته شدن می‌شود و با تکرار نیاز کُل کائنات آماده برای اطاعت اوامر خواهند شد و با توجه به میزان انرژی ارسالی، سرعت جذب بیشتر می‌شود. اگر من با اطمینان و جدیت بخواهم، با اطمینان و سرعت به دست می‌آورم! اما اگر خواستهٔ من از نظر خودم عملی نباشد، سیگنال فرستاده شده قدرتِ رسیدن را نخواهد داشت و در میانهٔ راه نابود و ناپدید می‌گردد.

بدین سبب، اگر می‌خواهیم چیزی در دنیایمان تغییر کند بهتر است بر روی آنچه مخالفِ آن است تَمرکُز کنیم!

مثلاً جنگ و خونریزی را دوست نداریم باید به جای هماهنگ شدن با انسان‌هایی که برای نابودی جنگ تَلاش می‌کنند، با انسان‌هایی همراه شویم که برای صلح قدم بر می‌دارند و دعا می‌کنند، و با فرستادن سیگنال‌های عشق و محبت و دوستی، با جنگ و دشمنی بستیزیم!

فصل پنجم

معجزه باور

همیشه به کسی تکیه کنید که به کسی تکیه نکرده باشد و او کسی نیست جز خداوند.

کاترین پاندر

وقتی باورهایتان در مورد خودتان شروع به تغییر کنند آرام آرام خود را می‌شناسید. کم‌کم نشانه‌های اَهداف خِلقَت، در زندگی روزمرهٔ شما همچون ستارگان سوسوکنان ظاهر می‌شوند. اتفاقات و ارتباطاتی را تجربه می‌کنید که دارای مفاهیم خاصی برای شما هستند و زندگی شما معنی می‌یابد و روزمَرِگی را رها می‌کنید.

در مباحث قبل خواندیم که ذاتِ الهی، خَلق کائنات را بر اساس عشق، زیبایی، فراوانی، پذیرندگی، سلامتی و محبت بنا نهاد. همسو و هم جریان بودن با قَصد خداوند به ما کمك می‌کند تبدیل به یك انسان الهی شویم که در دنیای مادی زندگی می‌کند.

انسانی که برای رسیدن به خواسته‌هایش فقط قَصد می‌کند و آرزوهای بی‌هدف را رها کرده و زمان را برای اهداف خود غَنیمت می‌شمارد؛ عشق می‌ورزد بدون آنکه به او عشق ورزیده شود، زیبایی‌ها را می‌بیند و تَحسین می‌کند و با زشتی و ناپاکی کاری ندارد؛ پذیرنده است و گِلهِ نمی‌کند؛ می‌بخشد و فراموش می‌کند؛ به فراوانی

اعتماد و اعتقاد دارد و به آن متصل است؛ سلامتی را جوهرهٔ وجود خود می‌داند و محبتش چون باران می‌بارد و مُنتظر پاسخ نمی‌ماند.

برای رسیدن به این بینش و هَمسو بودن با آن، نیاز به تغییرات و دگرگونی‌های فراوانی داریم. باید صندوقِ تاریك ناخودآگاه‌مان را باز کنیم و فرمانروای تاریك درون‌مان راکه بر آگاهی و روش زندگی ما حکومت می‌کند از تَخت به زیر بکشیم. حلقه‌های زنجیر قوانین غلط و طاقت‌فرسا را یکی‌یکی باز کنیم و رها نماییم. قوانین ناخودآگاه همان باورهای غَلَط و کُهنهٔ ما هستند که دیگر برای ما که می‌خواهیم خوب زندگی کنیم، مانند زنجیرهای سنگین دست‌وپاگیر هستند. باورهایی که تمام سالهای عمرِمان با ما همراه بوده و منشأ همهٔ تجربه‌های تلخ زندگی ما هستند. با گذراندن این تجربه‌ها باعث فَرسودگی جسم و روح‌مان می‌شویم و فقط جسمی خسته و روانی آزرده و ناآرام برایمان باقی می‌ماند که برای بهبود آن، ناگزیر خودمان را به دست داروهای شیمیایی و سمی می‌سپاریم که اگر نتیجه‌ای هم از آن حاصل شود درازمدت نخواهد بود و گاهی هم هیچ نتیجه‌ای ندارند. در واقع به نقطه‌ای می‌رسیم که هیچ چیز و هیچ کس نمی‌تواند به کمك‌مان بیاید و اینجاست که می‌فهمیم راه را اشتباه رفته‌ایم. اما آیا همیشه امکان برگشتن و پیدا کردن مسیر درست وجود دارد؟ گاهی خیلی دیر است و چوب‌خط‌مان پُر شده است و ناکام و بی‌نتیجه این زندگی را رها می‌کنیم، ولی گاهی هم شانس می‌آوریم و

در گذری، علامتی، نشانه‌ای، انسانی، کلامی ما را بیدار کرده و به خود می‌آورد؛ که این خوب است، البته اگر آن را جدی بگیریم!

در واقع آن نشانه و علامت از مُعجزات زندگی است که هَمواره در حال روی دادن است.

سه چیز به باز شدن درهای زندگی به سوی معجزات کمک می‌کند:

1) سلام

2) تشکر و تحسین

3) بخشش

سه کلمه‌ای که برای آن بهایی پرداخت نمی‌شود ولی در عین حال بهای آن قابل پرداخت نیست!

سلام

همان‌طور که در فصل‌های قبل بیان شد، صدا یک انرژی نیرومند است و فرکانس ارتعاشی صدا حد فاصل بین فرکانس‌های ارتعاشی جهان مادی و دنیای روح است. برای اینکه با توسّل به قدرت صدا، اندیشه‌ها و آرمان‌هایتان را در دنیای ماده متجلّی کنید، ضرورت دارد که شیوهٔ استفاده از آن را بیاموزید و این مهارت را در خود پرورش دهید.

کلمه‌ای که هنگام برخورد با کسی بیان می‌شود حاوی ارتعاشاتی است که از اَفکار شما تولید می‌شود، و دارای انرژی با فرکانس بالاست. در همهٔ ادیان تعابیری زیبا از آن آمده است و انسان‌ها به ادای آن تشویق و ترغیب شده‌اند. مثلاً در اسلام، مسلمانان به اول سلام گفتن بسیار تشویق شده‌اند با این مژده که کسی که در سلام گفتن پیشدستی کند ثواب بیشتری می‌برد و طرف مقابل نیز موظّف به پاسخ دادن است. در فرهنگ ما ایرانی‌ها، مشهور است که سلام سلامتی می‌آورد. این کلمه با فرکانسی که دارد، درون شما را به بیرون متصل می‌کند. فرکانس تولید شده مانند یک تار شما را در کنار هم نگاه می‌دارد و در این حالت، انرژی شما و طرف مقابل شروع به تبادل می‌کند. گوینده با ارسال انرژی مثبت، با تمام مخزن مثبت فرد مقابل تماس برقرار می‌کند و انرژی را به سوی خویش جذب می‌کند و همزمان به آن فرد هم انرژی ارسال می‌کند. این تبادل تا زمانی ادامه دارد که شما در هوشیاری ذهنی باقی بمانید.

اگر شما روزتان را با سلام به کائنات و خود شروع کنید آن روز را برای خویش به نوعی تَضمین کرده‌اید. با انرژیی که از کائنات و خود نَصیبتان خواهد شد مُنتظر مُعجزه‌های کوچک و بزرگ باشید.

شُعور بیدار کائنات همواره مُنتظر و گوش به فَرمان شماست و آماده به خدمت؛ **شك نكنید!**

شکرگزاری

قدرناشناسی نسبت به هر چیز از بَهای آن می‌کاهد و اِظهار نِفرَت و یا عدم تأیید، مقام و منزِلَت افراد و اشیاء را تَنزُل می‌دهد. به‌عکس، تأیید و تَحسین و تشکُر بَر مَقام و مرتبَت هر چیز و هر کس می‌افزاید. در واقع ما با قَدردانی قَصد داریم قدر و بهای هر چیز و هر کس را افزایش دهیم. پس بدون اَرج نهادن به چیزی، احساس قَدر دادن به آن ممکن نیست. به جای مشاهدهٔ چیزها بر اساس قِضاوت و ارزیابی، آنها را همانگونه که هستند، بپذیرید.

هر انسانی یکی از فرزندان و مُعجزات الهی است. پس برای اینکه به کار خداوند اَرج نَهید، به نشانه‌های او توجه کنید.

نَمك‌نشناسی و بی‌توجهی به نِعماتِ خداوند که در همه چیز جریان دارد، جز بَدبختی و فَلاکت و احساس پوچی و ترس، نتیجه‌ای ندارد.

شِکوِه و گلایه باعث از بین رفتن انرژی و فراوانی می شود و باعث

می‌شود زیبایی‌ها را در زندگی حس نکنید و اَفکار شما به دنبال بَدی‌ها و ناپاکی‌ها برود در حالی که با توجه داشتن به نیکویی‌ها و قَدرشناسی از آنها، به نوعی در تولید فراوانی و برکت سهیم می‌شوید.

آنچه را که در زندگی‌تان است با مُحبت مُتبرّك کنید. انرژی بی‌کران و نامتناهی نهفته در وجودتان، راه را برای تجلّی

خواسته‌هایتان هموار می‌کند، به‌خاطر آنچه دارید شاکر باشید تا شاهد افزایش آن شوید.

حال لحظه‌ای را تصوّر کنید که به‌خاطر کاری که انجام دادید مورد سِتایش واقع شده‌اید. می‌توانید احساس‌تان را وصف کنید؟

حِس احترام، مورد توجه واقع شدن، حِس اَرزشمند بودن و بسیاری احساسات زیبا و غیر قابلِ توصیف روح و جسم‌تان را فرا می‌گیرد.

حال اگر از کسی به شکلی سپاسگزاری کرده‌اید، می‌توانید او را نیز درك کنید. این همان حس پُر قُدرت ارتباط است که می‌تواند باعث رَد و بَدل کردن انرژی، محبت، شادی و صدها حَس خوب دیگر شود که همزمان می‌آید. و این یعنی بَرکت!

قَدردانی، انرژی مثبت و سطح بالا را به سوی شما می‌کشد و تمام وجود شما اعم از کالبد فیزیکی و روح شما را دربرمی‌گیرد و این انرژی دردهای جسمانی شما را آرام کرده و روح شما را به آرامش می‌رساند. شعور باطنی تَك‌تَك سلول‌های بدن شما این هیجان حاصل از انرژی را می‌شناسد و برای شَفای دردها و بیماری‌های شما به پا می‌خیزد.

تا زمانی که با تمام هوشیاری‌تان در این حِس باقی بمانید، مُعجزات کوچك و بزرگ در زندگی شما ظاهر می‌شود. شما آرام می‌گیرید و با این آرامش، استرس و ترس و هیجان‌های

ناهنجار که تولید اضطراب می‌کنند، رخت برمی‌بندند و شما به خودتان بیشتر اعتماد می‌کنید.

باید حس قدردانی را در ذهن خویش تثبیت کنید. باید توانایی خود را برای متجلّی ساختن خواسته‌هایتان تقویت کنید.

برای رسیدن به این مقصود، بهترین راهکار این است که هوشیاری‌تان را توسعه دهید و آگاه باشید که شما دریافت کنندهٔ موهبت‌های کائنات هستید نه یك قربانی که دچار کمبود است! با این ذهنیت درمی‌یابید که آنچه شما هم اکنون دارید، از اموال و جسمتان همه و همه، با تَلاش و هَماهنگی هزاران هزار انسان که با هماهنگی کار کرده اند، به ظُهور رسیده است و بدون تلاش آنها نمی‌توانست به زندگی شما راه یابد.

پیوسته با اطرافیان‌تان به وسیلهٔ قدردانی در هماهنگی باشید. سعی کنید لَحن بیانتان ساختگی نباشد. با صدای بلند و آهنگی گرم خانهٔ دوست‌داشتنی‌تان را تَحسین کنید و با این کار و ارسال انرژی، از همهٔ عالم هستی قدردانی کنید و یقین بدانید که بازتاب آن در بیرون به صورت خواسته‌های شما متجلّی خواهد شد.

تا حد ممکن راه گِله و شکایت را بر خود ببندید و به جای گِله از شرایط نامطلوب، به‌دنبال بهترین توجیه برای شرایط باشید و به خداوندی که شما را با هدف آفریده است اعتماد کنید!

هر چه از شکایت و انتقاد دوری کنید، خلا درون شما از عشق و قدردانی بیشتر پُر می شود.

آگاه باشید که حتی بیماریها و دردها و مشکلات زندگی هم بخشی از تاروپود زندگی شماست که درس‌های بسیاری برای شما دارد؛ از آنها هم سپاسگزار باشید که تا رسیدن به کمال و اِعتلای شخصیت شما، با شما هستند.

افکارتان را بَر فُزونی و بَرکت مُتمرکز کنید تا همین‌ها در زندگی شما نمایان شوند.

من عادت زیبایی را سالهاست که دارم، وقتی سکه‌ای را روی زمین می بینم برمی‌دارم می‌بوسم و با شکرگزاری نگه می‌دارم و می‌دانم که این یک راه ورود و شروع یك فزونی است که قرار است در زندگی من ظاهر شود.

بَخشش

راز بَخشش در خدمت به مردم نَهفته است. خدمت به مردم یك امر اجتماعی نیست بلکه یک نیاز روحی است. وقتی به مردم خدمت می‌کنید در واقع به نیروهای روحانی اطرافتان خدمت می‌کنید.

اگر انسان خودش را مُنزَوی و مَسدود کند، هرگز نمی‌تواند همراه اقیانوس زندگی به جلو برَود و تکامل یابد. همهٔ مردم به نوعی نسبت به هم مسئول هستند.

عیسی مسیح در کلامش دارد: اگر شما یك کار کوچك برای یکی از برادرهای من کردید، در واقع برای من کرده‌اید و این در پاسخ

فردی بود که پرسید ما چه کاری می‌توانیم برای تو و پدر آسمانی انجام دهیم؟

در مسیر زندگی هرکس علامت‌ها و نشانه‌های بی‌شماری وجود دارد که راهش را روشن می‌کند و این نشانه‌ها در گِرو جمع بودن و خِدمت به مَخلوقات الهی نمایان می‌شود و انسان می‌تواند آنها را ببیند.

رسیدگی و بَخشش به مردمی که به ما نیاز دارند، مخصوصاً به آنهایی که به ما نزدیک‌تر هستند ضروری است و در تمام اَدیان الهی به آن اشاره شده است.

اَعمال زیبا و مُحبت‌آمیز در انسان تولید گرما و انرژی می‌کند و ارتعاش این انرژی تا منبع انرژی کائنات ادامه می‌یابد و انسان را به آن مُتصل می‌کند و این اتصال به وسیلهٔ تارهای انرژی موجب بازگشت انرژی از نوع بَرتر می‌گردد. به عبارتی وقتی شما به کسی یا موجودی در کائنات که دارای شعور جهانی است محبت می‌کنید، ده برابر و حتی بیشتر به شما باز می‌گردد.

برکت و فُزونی در قِبال بَخشش در زندگی شما فزونی ایجاد می‌کند، و سلامتی و شادی در قبال شاد کردن کسی، شما را اِحاطه می‌کند.

من بارها و بارها این را تجربه کردم که وقتی به کسی مُحبت می‌کنم احساس خوبی پیدا می‌کنم و هر گونه احساس درد و خستگی در بدنم کاملاً از بین می‌رود؛ و هرگاه نیاز بیشتری به پول داشته باشم،

دنبال کسی می‌گردم که بتوانم به او کمک مالی درست بکنم و همیشه از نزدیکانم شروع می‌کنم.

بَخشش اَشکال مختلفی دارد، می‌تواند فقط یک لَبخند بر روی لب کسی آوردن و یا احترام گذاشتن به یک بیگانه باشد.

انسانی که هوشیاری خویش در بخشش را حفظ می‌کند همواره به نیروهای الهی مُتصل است و این اتصال انرژی‌های زیادی را در وجودش تولید می‌کند که می‌تواند به‌طور مُعجزه‌آسایی تأثیرگذار باشد.

هر بار که می‌بخشید و خدمت می‌کنید، بیشتر دریافت می‌کنید ــ چه بَسا فراتر از آنچه که کرده‌اید.

مَرحلهٔ خدمتگزاری، یکی از مراتب حق‌شناسی و قَدردانی از تمام عطایای کائنات است. شما در این مرحله به ذهن ژرف‌تر و خردمندتر شهودی خویش نزدیک‌تر می‌شوید. و دیگر نیروی عمدهٔ زندگی شما در راه کسب نیرومندترین و جذاب‌ترین شخصیت صرف نمی‌شود و در صدد نیستید فردی یا چیزی را تحت سلطه درآورید. در این قلمرو به صلح و آرامش روی می‌آورید و در زیر لَوای این هوشیاری بدون توجه به علائق مادی، در محیطی کاملاً مهرآمیز در حال خدمت به خود و دیگران خواهید بود. مادر ترزا مِصداق و نمونهٔ یک انسان خدمتگزار بود و همهٔ تلاشش این بود که ثابت کند هیچ‌کس تنها نیست!

91

هر انسان چکیده‌ای از کُل جهان است و در ذهن جهانی با بقیه مشترك است. اگر باورمان بر این باشد هرگز خویشتن را جدا و تنها نمی‌بینیم و همین، عشق و محبت عظیمی در ما به وجود می‌آورد!

بخشش علاوه بر اینکه می‌تواند خدمتگزاری و محبت باشد، دارای یك رُکن اَساسی هم هست که هَمانا گُذشت است. گُذشت از کسی که به شما بد کرده است، کسی که در زندگی موجباتِ سقوطتان را فراهم کرده و حتی بخشیدن خودتان. اشتباهات و شکست‌ها و ظلمی که در طول زندگی به دیگران روا داشته‌اید؛ و حتی گذشت از حقی که دارید و چه بسا برای گرفتن آن حق دچار آسیب روحی و جسمی شوید ، و یا موجبات درهم پاشیدگی زندگی خودتان یا دیگران شود. این گذشت و بخشش شما را از قفس و زنجیرهای کینه و زندان تاریك انتقام رها می‌کند. با رها کردن این احساس‌ها آزاد می‌شوید و گِره‌های کور درونتان باز می‌شود و این خلا جایش را به سُکون و آرامش می‌دهد و راه را برای آمدن عشق و مُحبت باز می‌کند.

این سه چیزی که توضیح دادیم رازِ جذبِ انرژی در سایۀ بزرگترین راز جهان هستی نشسته است که همانا عشق است!

ما به این جهان آمده‌ایم که در سایۀ دو چیز هدف زندگی‌مان را دنبال کنیم: یکی اتصال به خداوند، و دیگری عشق به کائنات با همۀ آن چیزی دربر می‌گیرند.

هوشیار ماندن در اِتصال به مَبدأ خِلقَت، باعث پُر شدن ما از نیرویی می‌شود که برای ادامهٔ زندگی به آن نیاز داریم و این نیرو قدرت جِسمی و روحی ما را تَضمین می‌کند.

محبت و عشق به جهان هستی که ما هم جُزئی از آن هستیم موجب می‌شود عوامل لازم برای رسیدن به اهدافمان فراهم شود.

اِرسال مُمتدِ عشق و مُحبت به پیرامون‌مان تولید انرژی‌هایی با فرکانس یا موج‌های بلند می‌کند و این انرژی می‌تواند در بهبود زندگی سیاره‌ای که رو به سوی نیستی و انهدام دارد مؤثر باشد. برای نجات سیاره‌مان همه باید با اتصال به نیروهای الهی تَلاش کنیم.

مُتصل بودن به این نیروها، ما را به آرامش می‌رساند. در این دوره از زمان که ما اینجاییم، نیاز به آرامش، اساسی‌ترین نیاز ماست که اگر نباشد خوشبختی و سلامتی و شادی رنگی ندارد.

اگر آرزو داریم شاد و خوشبَخت باشیم و فَرزندانمان را با سلامتی و شادی به کمال برسانیم باید شروع کنیم. باید عشق بورزیم و منتظر پاسخ نمانیم. برای دوست داشتن نیازی به شناختن نیست، عشق و مُحبتمان را صبحگاهان به سوی عالم هستی رَوانه کنیم و خود را نیز فراموش نکنیم. به خودمان یادآور شویم که دوستش داریم و برای شادی‌اش تلاش می‌کنیم. و شبانگاهان را با سپاس و قدردانی به پایان ببریم!

افکارمان را غَربال کنیم و اجازهٔ ورود ویروس‌های ویرانگری را که ما را از بقیه جدا می‌کند، ندهیم.

به مُحبت و سپاسگزاری و خدمت دل ببندیم و هر آن چیزی را که می‌خواهد نَفس ما را بیدار کند از ذهنمان دور کنیم.

برای تقویت هر چه بیشتر این قُدرت درونی از مدیتیشن و ذِکرِ کلام‌های پُرانرژی کمك بگیریم. با هر مذهب و آیین، می‌توانیم به خالق جهان دست یابیم و وقت بیشتری برای همرازی و سکوت برای دریافت پاسخ بگذاریم.

تمرین‌های روحی مانند تمرین‌های جسمی شما را قَوی می کند و به وسیلهٔ آنها شما می‌توانید استقامت و آرامش را در خویش بالا ببرید.

یك روح سالم و توانا در یك جسم سالم رشد می کند به همین خاطر توجه به روش زندگی روزمَره خود عامل بزرگی برای رُشد روح شما است. ورزش و حرکت، غذای مفید و سالم، و استراحت کافی در سلامتی جسم شما بسیار تأثیرگذار است و به نوعی انعکاس آنها در روح و روان شما نمایان می‌شود.

در سکوت سفر خویش را به درون خویش آغاز کنید! صندوق ناخودآگاهتان را بگشایید و باورهایتان را یکی یکی بررسی کنید. اگر باوری وجود دارد که فکر کردن به آن شما را می‌آزارد، رها کنید زیرا شما دیگر به آن نیاز ندارید؛ آن نیاز گذشتهٔ شما بوده است. ترس‌ها را با اعتماد به خویش رها کنید و بدانید که شما تنها نیستید و همواره خِرد جهانی با شما و به فکر شماست. نگرانی‌ها و استرس‌های موجود در اعتقاداتتان را با مُحبت و عشق رها نمایید. انسانها و

رفتارهایشان که در گذشته به شما آسیب زده را با گذشت و عشق ببخشید و بپذیرید که آنها هم تحت فرمان باورهای اشتباه خود بوده‌اند و خدا را برای این بیداری شاکر باشید. این بیداری شما را مُتمایز می‌کند و اطرافیان شما این را به وضوح می‌بینند. انسان‌هایی که تَلاش برای تَخریب شما دارند در برابر این قُدرت ناتوان می‌شوند و آرام آرام از دایرۀ شما ناپدید می‌گردند. و در عَوض کسانی به شما نزدیك می‌شوند که همواره می‌خواهند به شما خدمت کنند درست مثل خودتان.

روزتان را با سلامی گرم به همۀ جهان آغاز کنید و در خِلال درگیری‌های زندگی، از هر گونه خدمتی حتی کوچك به دیگران دریغ نورزید. قدردانی و سپاسگزاری را چاشنی محبت خویش نمایید. آرام آرام باورهای جدیدِ شما به توانایی‌هایتان می‌افزاید و ظُهور مُعجزاتِ کوچك و بزرگ را در زندگی‌تان شاهد خواهید بود. آرزوهای شما به اهداف زندگی‌تان تبدیل می‌شود زیرا هرچه را که بخواهید به دست می‌آورید. و این را دَرك کنید که زندگی شما آن چیزی نیست که شما آرزو می‌کنید بلکه آن چیزی است که شما هستید.

و بالاخره، همراه با تمرین‌های جسمی، ذهن خویش را هم پرورش دهید و به عبارت دیگر تجسّم خَلاّق داشته باشید.

برای برخوردار شدن از تجسّم خلاّق باید همۀ برنامه‌نویسی‌های منفی گذشته را با توجّه دایم به تصاویر ذهنی مثبت از ذهن خود پاک کنید. باید پیوسته افکار مثبت و سالم را به درون ذهن خود راه دهید

تا در ذهن نیمه‌هشیارتان جای بگیرند. هرگاه که صمیمانه چیزی را طلب می‌کنید از قوهٔ تخیّل و تجسّم خود استفاده کنید و تصویری با تمام جزئیات را روی پردهٔ ذهن خود مجسم نمایید.

برای مثال اگر طالب شغلی هستید، آن شغل و جایی را که می‌خواهید در آن کار کنید به دقّت در ذهنتان تصویر کنید. چشمان خود را ببندید و در ذهن خود ببینید که نامتان را روی درِ اتاقی که در آن مکان قرار دارد نوشته‌اند. خود را تصور کنید که پشت میز خویش نشسته‌اید. به جزئیات اتاق توجه کنید، به منظرهٔ بیرون اتاق نگاه کنید، لبخند رضایت را بر لبان خود ببینید، به شکوه موفقیتی که نصیبتان شده است فکر کنید. می‌توانید تبدیل به هر کسی که بخواهید بشوید.

اگر شغل مورد علاقهٔ شما در حال حاضر در اختیار کسی است که او را می‌شناسید، تصور کنید که به او شغل بالاتری می‌دهند و او در کار جدیدش مشغول می‌شود. برایش آرزوی موفقیت کنید. اجازه ندهید احساس تنفّر و یا غبطه بر شما حاکم شود. این‌ها احساساتی هستند که تولید نیروی منفی می‌کنند و نیروی منفی مانع از آن می‌شود که نتایج مثبت به زندگی شما راه یابد.

لازم است به خود یاد آور شویم که دنیا آکنده از وفور و پر از نعمت است. برای همهٔ ما به قدر کافی همه چیز وجود دارد. از گرفتن سهم دیگران اجتناب کنید. فضایی از آنِ خود در عالم هستی خلق کنید.

اگر در رؤیای داشتن اتومبیل هستید، چشمانتان را ببندید و اتومبیل دلخواهتان را در برابر چشم ذهن‌تان مجسّم کنید. مدل، نوع، ابعاد واقعی، رنگ، شکل بیرون و درون آن را ببینید. حالا مجسّم کنید که داخل اتومبیل، پشت فرمان نشسته‌اید و رانندگی می‌کنید. اگر خواستید می‌توانید خود را ببینید که درون اتومبیل نشسته‌اید و رانندهٔ شخصی‌تان اتومبیل را می‌راند. به احساس و روحیهٔ خوبی که داخل اتومبیل دارید فکر کنید. تبسّم رضایت‌مندانه را بر لبان خود ببینید. ببینید که موفق شده‌اید و به اتومبیل مورد علاقه‌تان رسیده‌اید.

اگر به اندازهٔ کافی به تصویر مورد علاقهٔ خود نگاه کنید، اگر به اندازهٔ کافی به خواستهٔ خود توجه کنید نیروی کافی برای تحقّق بخشیدن به خواسته‌تان را ایجاد می‌کنید.

به خود بگویید که رؤیایتان به تحقّق می‌پیوندد. خود را ببینید که به هدفتان رسیده‌اید. می‌توانید به تمام خواسته‌های خود برسید. تنها کاری که باید انجام بدهید این است که به خواستهٔ خود توجه

کنید. قانون طبیعی انتظار، زمان تحقّق یافتن خواستهٔ شما را مشخص خواهد کرد. نگرانِ رسیدن به خواستهٔ خود نباشید. خود نگرانی باعث تولید نیروی منفی می‌شود و نیروی منفی، نتایج مثبت را از شما دریغ می‌دارد. صمیمانه چیزی را آرزو کنید و با اطمینان باور داشته باشید که به خواستهٔ خود می‌رسید. به زندگی عادی خود ادامه دهید.

هرگز به آنچه نمی‌خواهید فکر نکنید زیرا تا زمانی که به آنچه نمی‌خواهید فکر کنید، فقط هراس‌ها و ناراحتی‌های خود را افزایش می‌دهید.

روش‌های مختلفی وجود دارد تا ذهن و جسم خود را در حالت آرامش قرار دهید.

در آینده با شما خواهم بود با روش جذب انرژی از کاینات، و جهان هستی، و ایجاد نیرو و بالانس، و روش‌های موفق تجسّم ذهن.

منتظر انتقادها و پیشنهادهای سازندهٔ شما هستم.

راه ارتباط ما :

zz_670@yahoo.se

اگر به دنبال آرامش هستید، اگر مُشکلِ ارتباط با خانواده و اجتماع دارید، اگر با وجود کار زیاد و خَستگی روزمَره باز هم معیشت شما دچار مُشکل است، با مُطالعه این کتاب می‌توانید راه حلّ مشکل خود را بیابید!

این کتاب تَحلیلی از نگرش انسان بر زندگی و بیان اُصول پرورش ذهن و تفکّر است. هَدف از نگارشِ این کتاب، رسیدنِ خواننده به یك آرامشِ درونی و رها کردن اِسترس و تَرس است و برای این مقصود از کَلمات و عبارات ساده و قابل فهم برای تمامی گروه‌ها سنی و اجتماعی استفاده شده است. اُمید آن است که مفید واقع شود و اگر حتی یك نفر هم با مطالعۀ این کتاب دچار تحوّل شود، رسالت ما انجام شده است.

معجزه باور

هنگامی که شما در قدردانی زندگی می کنید ؛ به حضورتان مردمانی مهربان ؛ فرشته وار و صلح و آرامش عمیق را جذب می کنید..

استکهلم